AF287338

Wishbohn Verlag
Mülheim an der Ruhr

Über dieses Buch

Winfried Lühr-Tanck hat Nepal sechs Wochen lang mit dem Fahrrad bereist. Zwischen Kodari und Muktinath brachte er 1500 Kilometer hinter sich, sowohl auf perfekt geteerten Straßen als auch auf Schotterpisten. Eine Reise zu den höchsten Bergen und den freundlichsten Menschen der Welt und auch zu sich selbst. Kein Reiseführer, sondern der Versuch, die Dinge hinter den Dingen zu finden.

Über den Autor

Winfried Lühr-Tanck (Geburtsname Schmidt) wurde am 11.Oktober 1951 in Wattenscheid im Ruhrgebiet geboren. Sein Leben nahm mit Schule, Studium, sieben Jahre langer "wilder Ehe" und schließlich, seit 1981, mit "richtiger Ehe", seinen Lauf. Aus dieser Ehe sind drei Töchter hervorgegangen, inzwischen sind sie erwachsen. Zwanzig Jahre lebte er in Göttingen und hat dort Physik studiert. Die Grundlagenforschung im Bereich Festkörperphysik war einige Jahre lang sein Thema. Schmunzelnd erzählt er noch heute, dass er „Löcher in Metallen gezählt" habe. 1989 verschlug es ihn nach Glücksburg an der Ostsee, wo ihn eine neue berufliche Aufgabe erwartete, die Entwicklung von Wärmebildkameras. Später führte er einen Spielzeugladen, von der Modelleisenbahn bis zur Sandschaufel reichte das Sortiment.

Vor ein paar Jahren machte er sein Hobby zum Beruf und arbeitet jetzt als freischaffender Fotograf. Seine ersten Fotos machte er bereits im Alter von sechs Jahren, damals noch auf Rollfilm mit einer Box-Kamera, die er auch "Taubenuhr" nannte - das Ruhrgebiet lässt grüßen. Heute sind es mehrere Digitalkameras, mit denen er arbeitet, Laptop und Beamer haben den Diaprojektor ersetzt. 1985 nach seiner ersten Rajasthan-Reise hielt er seine Diavorträge noch in Überblendtechnik mit zwei Projektoren. Heute sind es Diashows, die auf dem Rechner komponiert werden.

Ganz allein fremde Länder zu erkunden, das faszinierte ihn schon seit seiner ersten Rajasthan-Reise. Inzwischen ist er mit der Transsib bis nach China gefahren und hat in Lesotho Afrika entdeckt. In Italien, Polen und Deutschland ist er mit dem Fahrrad unterwegs gewesen.

Winfried Lühr-Tanck sagt, „das Fremde liegt manchmal vor der Haustür". Er musste bis nach Nepal reisen, um auf die Idee zu kommen ein Buch zu schreiben.

© 2011 Wishbohn Verlag, Mülheim an der Ruhr
Tel: 0208 – 388 06 07
Fax: 0208 – 388 06 09
Internet: www.wishbohn.de
2. Auflage
Covergestaltung, Satz und Layout: Michael Bohn, Mülheim an der Ruhr

ISBN: 978-3-939545-08-8

Bibliographische Information der Deutschen Bibliothek: Die Deutsche Bibliothek verzeichnet diese Publikation in der Deutschen Nationalbibliographie; detaillierte bibliographische Daten sind im Internet über http://dnb.ddb.de abrufbar.

Winfried Lühr-Tanck

Nepal

Allein zwischen Himmel und Erde

- Reisebericht -

Wishbohn Verlag
Mülheim an der Ruhr

Die Welt ist bunt und schön!

Winfried Lühr-Tanck

Die Welt ist nicht nur bunt und schön!

Hannah Lühr-Tanck

Die Welt ist wie sie ist!

Sabine Lühr-Tanck

Warum macht er das?
(Frage aus dem Publikum nach meiner Diashow "Nepal")

Ohne Neugier, ohne Begeisterung für die Vielfalt dieser Welt, ohne die Bereitschaft Strapazen auf sich zu nehmen, ja, ohne den Mut ins "kalte Wasser" zu springen, macht man das nicht!

Mit einem Buch hat alles angefangen! Es war 1990, in der Zeitung las ich die Besprechung einer Neuerscheinung "Fahrradabenteuer im Himalaya", im Untertitel "5000 km über das Dach der Welt". Ich war begeistert und kaufte das Buch. In meinem Kopf entstand spontan die Idee, eine ähnliche, nicht ganz so extreme Tour zu unternehmen. Schnell wurde klar, für mich reichen 1000 km, von Kathmandu nach Lhasa. Einmal im Leben zwischen den höchsten Bergen der Welt unterwegs sein, zum Anfassen nah neben mir, einmal Kathmandu und Lhasa sehen, das saß plötzlich tief in meinem Kopf.

Seitdem sind fast zwanzig Jahre vergangen, die Tibet-Politik Chinas – Touristengruppen nur unter Aufsicht - machte die Reise unmöglich. Allein mit dem Fahrrad durch Tibet, das sollte nicht sein. 1989 fand das Massaker auf dem Platz des himmlischen Friedens in Peking statt, die Machthaber waren gereizt und voller Angst. Im Frühjahr 1990 reiste ich per Eisenbahn durch China, damals gab es dort jede Menge "verbotene Orte", dazu zählte auch Tibet, die für Touristen nicht zugänglich waren, insbesondere für Solo-Touristen.

Im Sommer 2008 las ich dann in der Zeitung, dass Tibet nun auch für Einzelreisende zugänglich ist. Man benötige zwar neben dem Visum für China ein Permit für Tibet, aber das würde man in China überall bekommen. Jetzt gab es kein Halten mehr! Ende September 2009 saß ich im Flieger, mein Fahrrad im Gepäck.

Und warum nun Nepal?

Kurzfristig hatte China die Einreisebedingungen für Tibet geändert, plötzlich war ein Guide notwendig. Wieder war es die Angst der Machthaber, am 1. Oktober 2009 sollte der 60. Jahrestag der Volksrepublik gefeiert werden, Demonstrationen in Tibet schienen nicht ausgeschlossen. Natürlich sollte kein Tourist solche Bilder mit nach Hause nehmen und in der Welt verbreiten.

Beinahe bin ich der chinesischen Regierung dankbar und meiner Dickköpfigkeit. Mit einem Guide vor meiner Nase? Nein, so wollte ich Tibet nicht bereisen!

Wie heißt es so schön: „Jedes Ende trägt einen neuen Anfang in sich" - und welch einen Anfang!

Nepal!

Prolog

Die Einwohner von Kathmandu mögen es mir verzeihen, aber Kathmandu ist laut, dreckig und es stinkt, Nepal dagegen ist wunderbar. Natürlich ist ein solches Pauschalurteil falsch, es ist der erste Eindruck. Streift man etwas gelassener durch die Stadt, insbesondere an einem Samstag, da sind alle öffentlichen Einrichtungen geschlossen, auch die Schulen, dann relativiert sich dieser Eindruck, es ist ruhiger und man findet die Inseln in der Stadt, die den Besuch Kathmandus doch lohnend erscheinen lassen. Neben den Sehenswürdigkeiten, die jeder Reiseführer auflistet, wie "Durbar Square" und "Swayambhunath-Stupa", sind es die kleinen Gassen und Höfe, abseits der Hauptrouten, die immer noch den Charme des alten Kathmandu besitzen, wie man es auch vor 50 oder 100 Jahren vorgefunden hat.

Wie Oasen in der geschäftigen Stadt wirken auch einige Hotels, besonders, wenn sie am Stadtrand gelegen sind, das "Vajra" am westlichen Stadtrand und das "Summit" am südlichen Stadtrand sind solche Orte der Ruhe. Während das Vajra, im klassischen Nepalstil erbaut ist, rote Ziegel mit dunklem Holz und reichlich Schnitzarbeiten, mit vielen Sitzmöglichkeiten im weitläufigen Garten, einem Roof Top Restaurant mit Blick über die Stadt und einem allzeit hilfsbereiten, fast familiären Personal, geht es im Summit architektonisch und personell eher kühler und distanzierter zu, dafür ist es mit Abstand eines der ruhigsten Hotels in Kathmandu, kein Straßenlärm, kein Hundegebell und keine gurrenden Tauben stören die Nachtruhe. Nur die allgegenwärtigen Rabenvögel lauern auch hier auf den unbeaufsichtigten Teller mit der frisch servierten Mahlzeit, zehn Sekunden Unachtsamkeit oder drei Schritte weg vom Teller reichen, und die Vögel bedienen sich nach Herzens Lust.

Jetzt hab ich doch noch eine Lanze für Kathmandu gebrochen. Also, auch Kathmandu lohnt den Besuch, mit etwas Geduld findet man die schönen Plätze dieser Stadt, kein Wunder, schließlich ist Kathmandu ein Teil Nepals, noch dazu die Hauptstadt.

Warum aber plädiere ich so vorbehaltlos für einen Nepal Besuch? Es sind die unglaubliche Freundlichkeit und Offenheit der Menschen, die zuerst auffallen und zwar von Herzen kommend, ohne die aufdringliche Art, den Touristen ständig als Geldquelle anzuzapfen. Dass der Tourist eine willkommene Einkommensquelle darstellt, das ist vollkommen unstrittig. Ein Beispiel: Der Taxifahrer fragt, ob Sie ein Taxi benötigen, Sie sagen einmal, nein danke, und die Sache ist erledigt, versuchen Sie das mal in Indien oder China. Zunächst sind es natürlich die Kinder, sie freuen sich im echten Wortsinn kindlich, wenn man ein Foto von ihnen aufnimmt und sie es, gleich anschließend, auf dem Monitor der Digitalkamera bewundern können. Kleinere Kinder möchten vor Freude die ganze Kamera mit ihrem Foto mitnehmen, größere erfreuen sich am Anblick des Monitorbildes und müssen es Freunden oder Eltern sofort zeigen, in wenigen Sekunden hat man eine ganze Menschentraube um sich. Dann fallen die Ruhe und Gelassenheit der Menschen auf, schon der Gang zeigt es, Anmut ist es, bei schön gekleideten Frauen ist es eine wahre Augenweide. Jedes Geschäft wird in größter Ruhe abgewickelt, vom Gemüsekauf bis zum Autokauf, die Ware wird beäugt, befühlt, wenn möglich gekostet, es wird diskutiert, und schließlich gekauft. In jedem Restaurant werden die Speisen frisch zubereitet, eine einfache Gemüsesuppe braucht dann eine halbe Stunde, der Gast aus Europa ist anfangs irritiert, seine Geduld wird dafür mit köstlichen Speisen belohnt. Bestellt der Gast nicht nur die Suppe, sondern auch ein Hauptgericht, wird er beim ersten Versuch nochmals staunen, alle bestellten Gerichte werden gleichzeitig serviert. Also, bei der Bestellung bitte gleich eine klare Ansage treffen mit welchem Abstand die verschiedenen Gänge serviert werden sollen, oder, für ganz gelassene Gemüter, erst nur die Suppe bestellen, wenn diese ausgelöffelt ist, wird der nächste Gang geordert und so fort. Klappt wunderbar, dehnt aber das Abendessen auf entspannte zwei Stunden aus, also nur für wirklich ruhige Zeitgenossen geeignet.

Und dann die Landschaft, sie wirkt wie abgestimmt auf die Menschen, die hier leben, lieblich, grün dahin fließendes Hügelland, Wasser, Reis, Bananen, Gemüse und Obst jeder Art, der Garten Eden muss etwa so ausgesehen haben. Wir sollten uns erinnern oder nachlesen, den Garten Eden hat es in der Tat gegeben, im Gebiet der Flüsse Euphrat und Tigris. Im mittleren Teil Nepals, zwischen Indischer Tiefebene und dem Himalaya, lässt das subtropische Klima, wir befinden uns etwa auf der Breite von Nordafrika, diese für alle Sinne berauschende Landschaft entstehen. Reis und Bananen gedeihen bis 2000 Meter Höhe, andere Getreide und Äpfel finden wir bis 4000 Meter Höhe. Die Gegend um Jomsom, in der Annapurna Region, ist berühmt für ihre Apfelplantagen, und wenn Sie dann die Bannen und Äpfel kosten, solch aromatische Früchte finden Sie in Europa nicht mehr, es sei denn, die Äpfel stammen vom Baum im eigenen Garten, bei den Bananen wird es dann schon schwieriger.

Im Norden schließlich, die schneebedeckten Berge des Himalaya, von Kathmandu aus sieht man sie am Horizont, von Pokhara aus sind sie schon fast zum Greifen nah, steigt man auf den Hausberg von Pokhara, den Sarangkot, ist das Panorama überwältigend. Nähert man sich dann ganz langsam, zu Fuß oder mit dem Fahrrad, über Baglung, Jomsom und Muktinath diesen Bergen, ist jeder Tag eine Offenbarung. Nach jeder Windung des Tales ergeben sich neue Perspektiven, je nach Tageszeit lässt das Licht die Berge ganz neu erscheinen. Wenn es einen Ort auf dieser Welt gibt, der das Prädikat "besonders schön" verdient hat, dann ist es Kagbeni, auf halbem Wege zwischen Jomsom und Muktinath. Einerseits ist es der Ort selbst, wie aus einem Guss in die Landschaft eingefügt, andererseits ist es die Lage, am Ende des Hochtals von Jomsom, 2800 Meter über dem Meer und 100 Meter über dem Tal, die diesen Ort so einzigartig erscheinen lässt. Der Blick schweift über die Getreidefelder, über die unendliche Weite des Tales und bleibt schließlich an der Annapurna hängen, die über allem fast zu schweben scheint. Sitz man dann im rundum verglasten Restaurant der Annapurna Lodge am Ortseingang, so wärmt die Sonne Körper und Geist, während man das Schauspiel des Lichtes in dieser Landschaft als geradezu überirdisch empfindet.

Paradies, Gelobtes Land, Shangri La, das sind die Assoziationen die sich hier einstellen.

Worte sind nur Worte, deshalb kann dies nur der Versuch sein, ein Bild Nepals vor dem geistigen Auge entstehen zu lassen. Durch das eine oder andere Foto möchte ich versuchen, dieses Bild im Kopf noch zu verfeinern. Aber letztendlich führt kein Weg daran vorbei, fahre nach Nepal, schau es dir an, sieh dich um, fühle es mit jeder Faser deines Körpers und tauche ein in diese andere Welt, nimm dir Zeit, tue alles mit Muße, und reise ganz allein. Wenn du schließlich zur Beflügelung deiner Eindrücke, Gedanken, Reflexionen und Meditationen noch etwas hinzufügen möchtest, lies auf der Reise "Siddhartha" von Hermann Hesse.

Ankunft

Viele Wege führen nach Nepal, nicht alle, mit der Eisenbahn geht es noch nicht. Die meisten Besucher landen mit dem Flugzeug in Kathmandu, der internationale Flughafen macht es möglich. Freaks sind seit eh und je, spätestens seit "Christmas 1966 in Kathmandu", auf dem Landweg nach Nepal gelangt, in aller Regel über Indien, da es die Hauptverkehrsanbindung an den Rest der Welt darstellt. Nicht vergessen dürfen wir die Straßenverbindung nach China, über den "Friendship Highway" kann man von Beijing über Lhasa und Kodari nach Kathmandu gelangen.

Gehen wir für einen Moment den Weg der Massen, nehmen wir das Flugzeug und landen in Kathmandu. Der erste Eindruck, das perfekte Chaos, es gibt Gepäckausgabebänder wie in jedem Flughafen, aber keine Hinweise auf welchem Band mein Gepäck wohl anlandet. Stattdessen ein Gewirr von schon entladenem Gepäck, das steht einfach dort zwischen den Bändern herum, immer neues Gepäck kommt zu Tage und irgendwann und irgendwie klärt sich, auf welchem Band mein Koffer ankommen soll und da ist er auch schon. Und dieser Eindruck wird bleiben, irgendwie und irgendwann geht alles in Nepal, die erste Lektion in Sachen Ruhe, Geduld und Gelassenheit.

Die nächste Hürde, der Health Check, er besteht im Wesentlichen aus einer Infrarotkamera die etwaige zu heiße Köpfe (Fieber, Schweinegrippe), wir schreiben das Jahr 2009, auf einem Monitor sichtbar machen soll, aber niemand vom Kontrollpersonal schaut auf den Monitor. Wichtiger ist ein kleiner Zettel, auf dem man eine Selbstauskunft geben muss, Name, Flug, Sitzplatz und natürlich ob man krank ist oder in den letzten 10 Tagen Kontakt mit einem Kranken hatte, der hilflose Versuch, die Ausbreitung der Schweinegrippe zu verhindern. Ich habe keine Ahnung wie viele Zettel pro Tag zusammen kommen, aber einige tausend werden es sein, mich beschleicht der Verdacht, dass allabendlich diese Zettel in den Mülleimer wandern. Also, die zweite Lektion, beschriebenes Papier ist wichtig, wir werden das später noch häufiger erleben, wenn z.B. im Restaurant jede Rechnung mit drei Durchschlägen geschrieben wird.

Government of Nepal
Ministry of Health and Population
New A(H1N1) Screening Card

Do you have?

Fever	Yes ☐	No ☒	AND
Cough	Yes ☐	No ☒	OR
Sore Throat	Yes ☐	No ☒	OR
Shortness of Breathe	Yes ☐	No ☒	

If you develop the above symptoms in the next 7 days, kindly contact the following number for further details.
01-4255796

Kathmandu Airport - Health Check

15

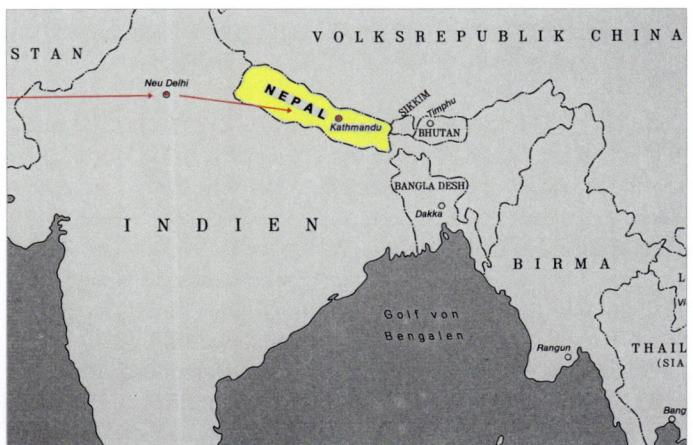

Nepal zwischen Indien und China

Nun fehlt nur noch die Kontrolle des Visums, ganz einfach denkt man, aber, es ist wie bei der Gepäckausgabe, vier, fünf Schlangen von Reisenden stehen dort, alle Hinweisschilder sagen, nur für Reisende die noch ein Visum erwerben müssen, ich habe ein Visum, wo soll ich wohl hin?! Fragen hilft fast immer, es gibt genau einen kleinen Tisch, mit zwei Beamten, an dem niemand ansteht, und siehe da, es ist der richtige für mich, nur, erst muss noch ein Zettel ausgefüllt werden: Name, Flug, usw., für die Einwanderungsbehörde, und dann, ein Stempel in den Pass und ich bin in Nepal.

Jetzt folgt eine Überraschung mit der ich nicht mehr gerechnet hatte, der vom Hotel Vajra zugesagte Fahrer steht tatsächlich am Ausgang, er hält ein großes Schild in der Hand "Winfried Lühr-Tanck", und das, obwohl der Flieger eine Stunde Verspätung hat, wenn das kein Service ist! Leicht verunsichert mustert der gute Mann meinen Koffer, der ist etwas größer als übliche Koffer, denn drinnen steckt mein Fahrrad. Es folgt die dritte Lektion, nichts ist unmöglich in Nepal, die Werbeabteilung eines großen Autoherstellers muss mal in Nepal gewesen sein. Das Auto, eine normale Limousine, verkraftet meinen Koffer natürlich nicht, aber kein Problem, der Kofferraumdeckel bleibt geöffnet, der Koffer ragt zur Hälfte heraus, ein Putz-tuch wird in Streifen gerissen und solange zusammengeknotet bis sich der Deckel damit am Fahrzeug fixieren lässt.

Kaum eine halbe Stunde später sind wir im Hotel, auf der an-deren Seite der Stadt, aber diese halbe Stunde reicht, um alle Abgründe der Straßen Kathmandus nicht nur zu sehen, sondern auch zu erfühlen, mehr als einmal denke ich, dass der Wagen jetzt aufsitzt und wir einfach stecken bleiben, offensichtlich bin ich zu kleinmütig. In Deutschland würde jeder Autofahrer um sein Auto fürchten, Bodenkontakt, Achsbruch, Reifenschaden und so fort, hier bleibt der Fahrer ganz gelassen, die Schlaglö-cher und Absätze sind einfach da und werden so schnell auch nicht behoben, wer also mit dem Auto fahren will, der lebt damit. Die vierte Lektion, was einfach da ist und nicht zu än-dern ist, man lebt damit und beachtet es nicht weiter. Lärm, Staub und Abgase will ich nur der Vollständigkeit halber er-wähnen, auch sie sind schlicht vorhanden.

Doch nun das Vajra Hotel, eine Oase in der lärmenden, stau-bigen und dreckigen Stadt. Wie alle auf Europäer ausgerichte-ten Hotels ist es mit einer Mauer umgeben, die Einfahrt wird Tag und Nacht von einem Sicherheitsmann bewacht, sofort stellt sich ein Gefühl der Sicherheit und Geborgenheit ein. Spä-ter werde ich finden, dass diese Sicherheitsmaßnahmen mehr fürs Gefühl da sind, als zur Abwehr realer Gefahren, nur ganz selten habe ich mich in Nepal bedroht oder gefährdet gefühlt. Das Oasengefühl wird verstärkt durch die Innenhöfe und Gär-ten, mit Sitzgruppen, Bäumen und Sonnenschirmen. Die Ge-bäude des Hotels, im traditionellen Nepalstil erbaut, sind aufgelockert platziert und das Personal ist auf eine fast familiä-re Art freundlich und hilfsbereit, nach einer halben Stunde fühlt man sich rundum wohl. Aber was sind an dieser Stelle Worte, einen solchen Ort muss man erfahren, erleben und erfühlen. Zwei zunächst verborgene Höhepunkte bietet das Hotel ganz nebenbei: die Roof Top Bar, auf der einen Seite mit Blick auf die Stadt, auf der anderen Seite mit Blick auf die Berge, nur sitzen und genießen ist hier angesagt, und die Library, die ihren

Namen verdient, Bücher reichlich, in allen Sprachen der Welt, ganz holzvertäfelt, die Bücher hinter Glastüren und dazu diverse Sitzgelegenheiten. Manchen Abend verbringe ich hier, lese Alexandra David Neal und Ulli Olvedi, es ist wie im Märchen, eine Welt, wie man sie hier nicht erwartet.

So, das Vajra ist nun hinreichend gelobt, mein Fahrrad befindet sich aber noch im Koffer. In Deutschland hatte ich Laufräder, Sattel, Lenker und Schaltwerk demontiert, damit alle Teile in den Koffer passten, nun müssen die Teile wieder zusammen geschraubt werden. Der Innenhof des Hotels bietet reichlich Platz dazu, und nach wenigen Minuten habe ich die Hälfte des Hotelpersonals um mich versammelt, die bestaunen was da abläuft, und sofort ihre Hilfe anbieten, wenn mir mal eine Hand fehlt. Nach einer Stunde ist es geschafft, zur Freude aller Beteiligten steht das Rad fahrbereit da. Ich habe wieder eine Lektion gelernt, tue etwas Ungewöhnliches und du hast sofort jede Menge Zuschauer und Helfer. Witzigerweise bleibt sogar eine Deutsche Touristengruppe bei mir hängen, und ich muss ihnen auch jedes Detail des Fahrradtransportes und meiner geplanten Tour erläutern.

Der Nachmittag ist noch jung, mit dem Rad will ich erst am nächsten Tag zu einer Probetour starten, also erkunde ich das Umfeld des Hotels zu Fuß. Nur fünf Minuten vom Hotel entfernt liegt der Swayambhunath Stupa, ein Wallfahrtsort für Buddhisten, auf einem kleinen Berg gelegen, 365 Stufen führen hinauf. Die ganze Anlage wird auch Monkey Temple genannt, im doppelten Wortsinn, die Hindus verehren an dieser Stelle den Affengott und es laufen hier jede Menge leibhaftige Affen herum. Die meisten Touristen finden die Affen unheimlich niedlich, sie haben ansonsten wohl nur Affen im Zoo gesehen, ich halte diese Tiere, an diesem Ort, eher für eine Plage, denn wehe, du trägst locker in einer Hand eine Tüte mit Obst oder anderem Essbaren, dann dauert es keine Minute und die Affen haben dir die Tüte gestohlen. Mit größter Zufriedenheit sitzen sie dann fünf Meter weiter und verspeisen dein Obst, man könnte meinen, einen hämischen Gesichtsausdruck zu erkennen, nach dem Motto "Wie blöd sind Menschen eigentlich!". Nicht nur Affen gibt es hier reichlich, auch Touristen, es ist halt eine der Attraktionen von Kathmandu. Während ich die vielen Touristen erwartet hatte, bin ich gleichermaßen verblüfft und beeindruckt von der Zahl Gebetsmühlen, die den Stupaberg komplett umgeben, aufwendig in Mauernischen drapiert, in diversen Größen, es müssen tausende sein, einige sind drei Meter hoch und jeweils in einem extra Haus untergebracht. Mein Abendspaziergang wird mich täglich hierher führen, der Ort ist irgendwie mystisch. Die Zahl der Tibeter, die hier die Gebetsmühlen drehen, ein Mantra murmeln und ihre Mala durch die Finger gleiten lassen, sie ist fast so groß wie die Zahl der Gebetsmühlen. Noch häufiger werde ich, wie hier, den Eindruck haben, dass die Hälfte aller Tibeter inzwischen in Nepal leben. Nicht nur Nepali und Tibeter leben friedlich neben und miteinander, Hinduismus und Buddhismus führen eine ebenso friedliche Koexistenz und nutzen häufig, wie hier am Monkey Temple, gemeinsam denselben heiligen Ort, da können Katholiken und Protestanten noch eine Menge lernen.

Rund um Kathmandu

Bevor es zur großen Tour Kathmandu-Lhasa losgehen soll, jahrelang habe ich davon geträumt, wir werden später sehen, dass die chinesische Regierung dieses Vorhaben vereitelt, will ich ein paar Probetouren auf die rund um Kathmandu liegenden Berge unternehmen. Einerseits kann ich so meine Kondition und das Fahrrad testen, anderseits soll man von diesen Orten, Kakani, Nagarkot und Dhulikhel eine wunderschöne Sicht auf das Kathmandu-Tal und die schneebedeckten Berge des Himalaya haben. Diese Touren sind überschaubar in Länge und Härtegrad, jeweils über eine Strecke von rund 70 km geht es zunächst 700 Höhenmeter bergauf und zurück wieder 700 Höhenmeter bergab.

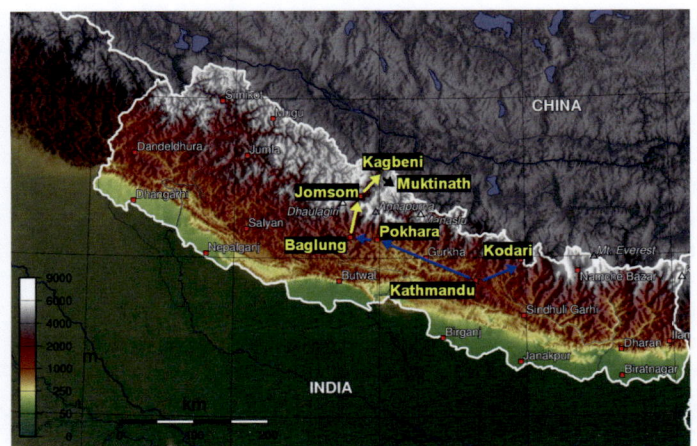

Reiseroute in Nepal

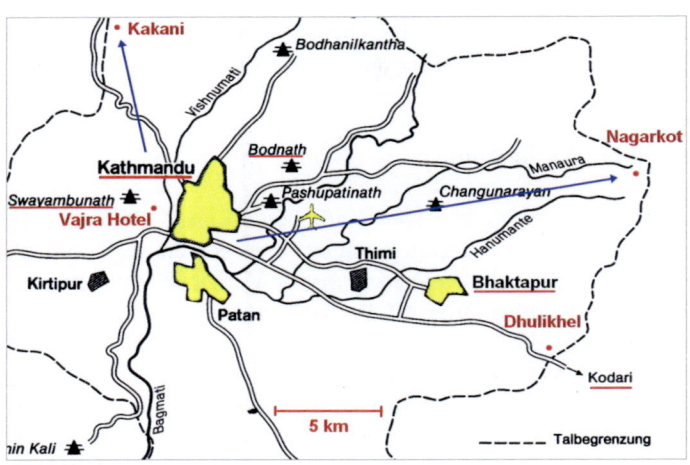

Kathmandu und Umgebung

Da mein Hotel am Westrand der Stadt liegt und Kakani im Nordwesten, habe ich bei meiner ersten Tour die Stadt schnell hinter mir gelassen. Das Bild ist plötzlich vollkommen anders, eine liebliche grüne Landschaft, eine relativ gut geteerte Straße und relativ wenige Autos, man könnte sich fast im Voralpenland in Europa wähnen. Dass dem nicht so ist, signalisiert nicht nur der Linksverkehr, der immer wieder reichlich gewöhnungsbedürftig ist, auch die ständig hupenden Autos irritieren. Aber, anders als in Deutschland, heißt das Hupen nicht "Hau ab du blöder Radfahrer, die Straße gehört mir, dem Autofahrer", sondern "Achtung ich komme, lass uns beide vorsichtig sein und irgendwie aneinander vorbeikommen", eine ganz neue Erfahrung. Auf den letzten 10 km nach Kakani treffe ich fast keine Autos mehr, dafür aber immer wieder Fußgänger, die schwere Lasten auf dem Rücken tragen, die Hauptlast wird über ein breites Stirnband abgefangen, archaisch ist das einzige Wort, das mir dazu einfällt. Die letzten zwei Kilometer muss ich schieben, die schöne Teerstraße ist einem noch schöneren Trampelpfad gewichen, einzelne, kleine Gehöfte passiere ich, hier ein paar Ziegen, dort drei Kühe oder eine Handvoll Hühner. Spielende Kinder überall, Erwachsene eher selten, dann aber bei der Feldarbeit. Schaukelgestelle aus Bambusrohr sind äußerst beliebt, Bambus wächst in Nepal fast wie Unkraut und lässt sich hervorragend als Baumaterial einsetzen, nicht nur für Schaukeln.

Dann habe ich den Aussichtspunkt erreicht, alles ist gut, mit meiner Kondition bin ich zufrieden, das Rad funktioniert perfekt und die Sicht auf das Kathmandu Tal ist wunderbar, nur nach Norden, dort wo die schneebedeckten 8000er liegen, Wolken, nichts als Wolken. Ich kann den Verdacht nicht loswerden, dass all diese Ansichtskarten-Bilder, mit den Himalaya Bergen im Hintergrund, nur am Computer generiert und in Wahrheit hier überhaupt nicht zu sehen sind. Schließlich hatte ich den Oktober als Reisezeit gewählt, weil er praktisch niederschlagsfrei sein sollte. Später, nachdem ich stundenlang im Regen Rad gefahren bin, erfahre ich von den Einheimischen, dass es seit 15 Jahren im Oktober nicht soviel geregnet hat wie in diesem Jahr. Nun denn, aufgeben ist nicht meine Stärke, es gibt ja noch weitere Aussichtsberge.

Ich schiebe das Rad den Trampelpfad abwärts, passiere wieder diverse Haustiere, die natürlich alle ohne jeden Zaun unterwegs sind. Von früheren Reisen durch Indien weiß ich, dass frei herumlaufende Tiere jeder Art, von der Kuh bis zum Schwein, friedliche Wesen sind, also nie und nimmer eine Gefahr darstellen. Als ich nach der Hälfte der Strecke hinter mir aber stampfende Hufe und das wütende Schnauben eines Tieres im vollen Galopp höre, frage ich mich, ob ich eine Halluzination habe, bei 2000 Meter Höhe eher unwahrscheinlich, oder, ob da einer der Jungstiere, die ich kurz zuvor passiert hatte, in meine Richtung unterwegs ist. Vorsichtig drehe ich mich um, und muss feststellen, da kommt tatsächlich ein wutschnaubender Jungbulle im gestreckten Galopp auf mich zu, bisher hatte ich solch eine Szene nur im Film gesehen. Mein Puls steigt in ungeahnte Höhen, der Adrenalinspiegel auch, denn mein Handlungsspielraum ist denkbar klein, rechts geht es so steil in die Tiefe, dass ich da nicht runter springen möchte, links geht es so steil bergauf, dass ich keine Ahnung habe, ob ich da überhaupt hochkomme, der typische Fall, du hast keine Chance, also nutze sie. Ich beschließe, das Rad zu opfern, stelle es zwischen mich und den Bullen und will es ihm in letzter Sekunde entgegenschleudern und dann selbst den Sprung bergauf versuchen. Doch, wann ist die letzte Sekunde gekommen, wann ist der eine Moment da, der, der einzig richtige ist? Genau in dem Augenblick als ich das Rad anhebe, um es in Richtung Bulle zu werfen, er ist vielleicht noch fünf Meter entfernt, sehe ich, wie das Tier zu einem Ausweichmanöver ansetzt und offensichtlich an mir vorbei und nicht über mich hinweg rennen will. Was auch immer die Ursache für das rasende Vieh war, ich war es wohl nicht. Es dauert noch eine ganze Weile bis ich meine gewohnte Ruhe wieder gewonnen habe, richtig entspannt bin ich erst auf der Teerstraße, hier weiß ich, dass ich in jedem Fall schneller als ein rasender Bulle bin, zumindest bergab.

Mein nächster Aussichtsberg liegt bei der Ortschaft Nagarkot, im Nordosten von Kathmandu. Hat man erst Kathmandu und Bhaktapur hinter sich gelassen, diese ersten 15 Kilometer sind die Hölle, Baustellen, Schlammlöcher, alles was man sich an

Grausamkeiten vorstellen kann, dann findet man sich in einer lieblichen Landschaft wieder. Die Straße ist sehr gut, Autos sind selten, es könnte ebenso gut der Harz oder die Rhön sein. Zunächst geht es nur langsam bergan, rechts und links Felder mit Reis, alles ist grün. Dann wird es steiler, durch Mischwald geht es in Serpentinen bergauf. Der Vergleich mit dem Harz drängt sich immer mehr auf, vor vier Wochen erst, war ich dort für eine Trainingstour, zweimal den Brocken rauf und runter. Nur die Autodichte ist hier viel niedriger, stattdessen trifft man immer wieder kleine Ziegen und Schafherden, die zu neuen Weideplätzen geführt werden. Die Rastplatzdichte ist ganz enorm hoch, fast in jeder Kehre findet sich ein Kiosk oder ein kleines Restaurant, es muss Tage geben, an denen hier etwas mehr Betrieb herrscht. Ein letzter steiler Anstieg und ich bin in Nagarkot, 2000 Meter über dem Meeresspiegel. Hier findet man nicht nur die perfekte Rundumsicht, auch Hotels und Restaurants liegen locker drapiert auf dem Berg. Ich lasse mich in einem Restaurant mit Traumblick über die Landschaft nieder, himmlisch! Dass die 8000er wieder in Wolken gehüllt sind, nehme ich nur noch am Rande wahr. Die Sonne scheint, ich sitze im Schatten bei einem Drink und einem Reisgericht, keine weiteren Gäste stören die Ruhe, nur der Hofhund lässt sich zu meinen Füßen nieder und schläft. Nach einer halben Stunde fühle ich mich eins mit dieser Landschaft, grüne Hügel und Berge über denen Schönwetterwolken den blauen Himmel verzieren, hier könnte ich länger bleiben, vielleicht sogar für immer. Noch nie zuvor auf einer Reise hatte ich dieses Gefühl, diese Landschaft und diese von Herzen freundlichen Menschen lassen mich immer wieder den "Garten Eden" assoziieren.

Kathmandu

Kathmandu ist laut, dreckig und stinkt, ich sagte das schon zu Anfang, es ist der erste Eindruck. Nun, Kathmandu ist eine Millionen Stadt, eine Million direkt im Stadtgebiet und eine weitere in den Randgebieten (2009), und die Stadt wächst rasant. Der Lärm ist da kaum zu vermeiden, den bieten andere

Großstädte auch, aber der allgegenwärtige Müll, der ließe sich vermeiden. Die Stadtverwaltung hat schlicht aufgegeben. Eine geregelte Müllabfuhr gibt es nicht, jeder wirft seine Abfälle überall hin, natürlich auch Kunststofftüten und Flaschen, größere Mengen werden gleich in den Fluss gekippt. An der Grenze zwischen Kathmandu Altstadt und dem Ortsteil Patan stolpere ich über eine Müllsortieranlage, die sich nur mit der Nase beschreiben lässt. Nach welchen Gesichtspunkten sortiert wird ist zumindest mir nicht ganz klar. Neben dieser Anlage sind die Flussufer eine einzige Müllhalde und an einer Stelle zwischen den Häusern türmen sich Plastikflaschen zu Millionen. Raubvögel jeder Art finden hier auf bequeme Art ihre Nahrung, Menschen stochern ebenso in den Abfällen herum, etwas Brauchbares findet sich immer, Szenen wie aus einem Weltuntergangsfilm.

Nur wenige hundert Meter weiter beginnt der Ortsteil Patan, wegen der wunderschönen und gut erhaltenen Königspaläste und Tempel bekannt und beliebt. Hier wohnen, abseits vom Touristenrummel und abseits von Dreck und Lärm, leicht erhöht über der Stadt, die wohlhabenden Kathmanduer. Plötzlich sind die Straßen sauber, große, gepflegte Gärten umgeben aufwendig gebaute Häuser, kleine, fast autofreie Straßen winden sich durch diesen Stadtteil, es ist eine andere Welt. In dieser anderen Welt finden sich auch einige der komfortabelsten und ruhigsten Hotels der Stadt, wie das "Summit" und das "Greenwich", ich werde darauf noch zurückkommen.

Kehren wir zurück in die Altstadt von Kathmandu, der Durbar Square ist einer der Orte, die jeden Besuch lohnen und den Rest der Stadt vergessen lässt. Man sollte allerdings früh am Morgen dort unterwegs sein, denn spätestens ab zehn Uhr sind hier Touristen ohne Ende auf Tour. Wenn man aber in Ruhe und mit Muße unterwegs ist, bemerkt man erst die vielen kleinen Kostbarkeiten dieses Ortes. Wandert man durch die engen Gassen und die Hinterhöfe in der Nachbarschaft des Durbar Square, bemerkt man erst, dass überall in der Stadt faszinierende Dinge zu entdecken sind, sei es der Kaufmann, der auf seinem Tresen schläft, sei es die Frau die mit bloßen Füßen das im Hof ausgebreitete Getreide wendet, damit es in der Sonne trocknet, seien es die Männer, die das Gemüse für die Großfamilie schneiden oder sei es die Mutter, die ihrem Kind liebevoll die Läuse vom Kopf klaubt. All das sieht man nicht, wenn man in einer Gruppe mit einem Reiseleiter unterwegs ist. Den Ortsteil Thamel meide ich, ein flüchtiger Blick reicht, jeder Laden, jedes Restaurant ist hier einzig und allein auf Touristen ausgerichtet, ganze Straßenzüge bestehen aus einer endlosen Kette von Geschäften, und die Touristen trampeln sich fast gegenseitig platt. Fehlt Ihnen allerdings ein Ausrüstungsteil für Ihre Trekkingtour, hier finden Sie es mit Sicherheit, vom Taschenmesser bis zum Schlafsack, von der Daunenjacke bis zum Gaskocher, von der Ansichtskarte bis zur Wanderkarte. Ich sollte also nicht zu hart urteilen, eine Karte für die Strecke Kathmandu–Lhasa habe ich in Thamel auch erworben.

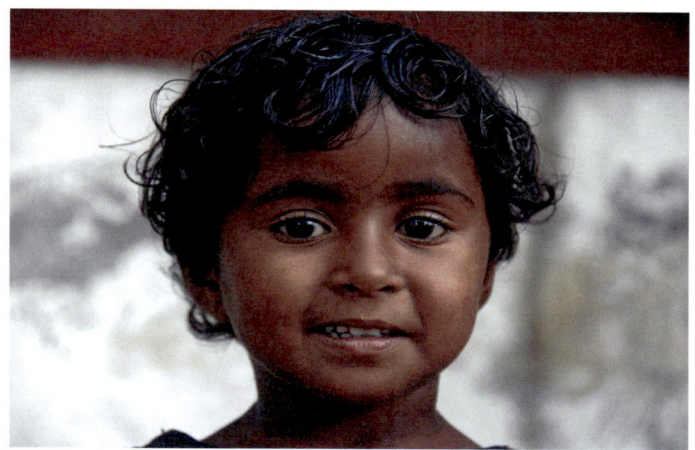

Mandelaugen in Kathmandu

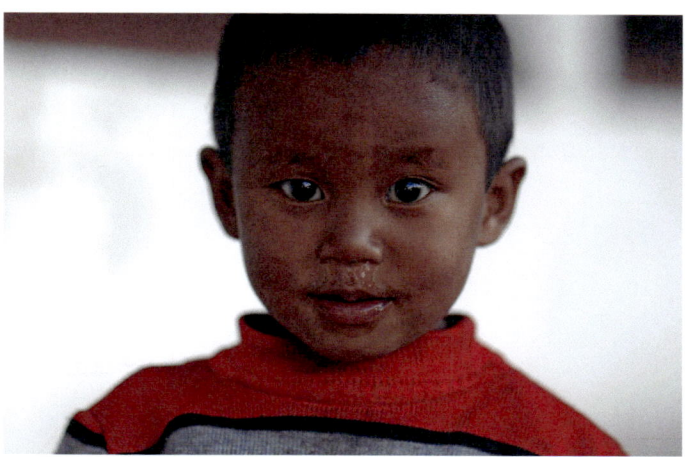

Rotznase in Kathmandu

Mönch aus Tibet in Kathmandu

Mönch aus Frankreich in Kathmandu

Spielzeug Wasserflasche in Kathmandu

Schneider ohne Arbeit in Kathmandu

Ohne Touristen geht es auch an dem Swayambhunath Stupa in der Nähe meines Hotels nicht, dort kommen allerdings noch jede Menge Pilger dazu, die hier die Götter verehren und anbeten und natürlich die Gebetstrommeln drehen, Mantras murmeln und die Mala Perlen durch die Finger gleiten lassen. Dieser Ort verströmt etwas unfassbares, nicht einfach nur Ruhe. Irgendwie fühlt man, warum es ein heiliger Ort ist, was auch immer heilig sein mag, spirituell ist für den aufgeklärten Europäer vielleicht besser verständlich. Es ist die Kombination des Ortes mit den gläubigen Menschen, die das unbeschreibliche Gefühl auslöst.

Was ist Glaube, wozu dient er, was soll er überhaupt, warum gibt es all diese verschiedenen Glaubensrichtungen, wo sich die Rituale doch so stark ähneln, all diese Fragen gehen mir durch den Kopf. Allein die Ähnlichkeit der buddhistischen Rituale mit den katholischen, die ich in meiner Kindheit ausgiebig praktizieren durfte, ist verblüffend, prunkvolle Stupas hier, aufwendige Kirchen dort, die Räucherstäbchen entsprechen dem Weihrauch und die Mala gleitet ebenso durch die Finger wie der Rosenkranz. Offensichtlich hat der Mensch vor Urzeiten "erkannt", dass es Mächte gibt, die stärker sind als er und wahre Wunder vollbringen können. Zu einer Zeit, als ein Gewitter mit Blitz und Donner nicht rational mit etwas physikalischem Grundwissen erklärt werden konnte, als das Schauspiel der Sterne am Himmel oder gar eine Sonnenfinsternis nur als Werk der Götter erklärt werden konnten, muss diese Idee eines allmächtigen Gottes entstanden sein, den man durch prächtige Bauwerke und Rituale möglichst freundlich stimmen möchte. Es ist schon erstaunlich, dass diese Idee über die Jahrtausende und Jahrmillionen, seit Anbeginn der Menschheit, vielleicht sogar seit seinen Vorfahren, einen solchen Bestand hat. Offensichtlich sind sehr viele unserer Verhaltensmuster so alt und so stark festgelegt, dass ein paar hundert Jahre rapide gewachsenem Verständnis der Welt überhaupt nichts bedeuten, ja geradezu belanglos sind. Wir wissen es ja aus unserem eigenem kurzen Leben, die Erlebnisse der Kindheit sind tief eingegraben und auch nach Jahrzehnten noch präsent, aber mit zunehmendem Alter wird es immer schwieriger die Erlebnisse von gestern zu erinnern, so ähnlich dürfte es mit dem kollektiven Gedächtnis der Menschheit sein, das uralte sitzt ganz tief und fest.

Ein paar Schritte weiter stolpere ich über eine öffentliche Verbrennungsstelle. Seit jeher werden die Toten im Hinduismus und Buddhismus verbrannt, im Hochland von Tibet, in Ermangelung von Holz, auch "Himmelsbestattet". In vier zu einer Seite offenen Räumen können die Verstorbenen aufgebahrt werden, dort sitzen dann die Angehörigen um den Leichnam und nehmen Abschied, bringen Opfergaben dar, reden und weinen. Ein paar Meter weiter befinden sich die eigentlichen Verbrennungsplätze, für unsere Augen sehen sie wie größere Grillgeräte aus, massiv gemauert, mit einem Dach darüber und einem Metallrost auf dem das Feuerholz aufgeschichtet ist. Auf dieses Feuerholz wird dann, der in Tücher gehüllte Leichnam gelegt und angezündet. Was ich hier mit kurzen Worten darstelle, ist in Wahrheit eine Tages füllende Prozedur, bei der in der Regel der älteste Sohn der Familie den Zeremonienmeister darstellt und insbesondere auch das Anzünden des Holzes zu übernehmen hat. Es ist immer wieder diese Öffentlichkeit, die mich verblüfft, alle Verbrennungsstellen sind frei einsehbar und es finden sicher immer reichlich Schaulustige, die mit unverhohlener Neugier stehen bleiben und das Geschehen verfolgen. Ich falle zwar als Tourist auf, aber meine Neugier wird als vollkommen "normal" eingestuft, auch das Anfertigen von Fotos ist überhaupt kein Problem, denn die Einheimischen verhalten sich genau so.

Ich verlasse diesen Ort und besteige einen kleinen Berg, etwas hinter dem Monkey Temple, dort liegt das Karma Laksheyling Kloster. Der Berg erhebt sich wie ein Kegel aus der Landschaft und als krönender Abschluss steht auf der höchsten Stelle die Klosteranlage. Nur zu Fuß ist das Kloster erreichbar, eine halbe Stunde benötigt man etwa, Ruhe umfängt einen und ein wunderschöner Ausblick auf das Kathmandu Tal eröffnet sich. Es ist Nachmittag und die jungen Mönche zwischen 6 und 16 Jahren sitzen auf der Wiese, tollen mit einem Ball herum, manche sitzen auch lesend unter einem Baum. Ein

Eisverkäufer hat den Weg hierher gefunden und findet reißenden Absatz seiner Ware. Ich schaue mir die Anlage an, sehr gepflegt, ein angenehmes Bild für das Auge, auch das Gespräch suche ich, aber die englischen Sprachkenntnisse sind hier sehr rudimentär, schade. Dann setze ich mich auch auf die Wiese und versuche mir vorzustellen, was ein Mönch hier den ganzen Tag über tut, natürlich ist die Stadt in Fußreichweite, aber den größten Teil des Tages werden die Mönche wohl hier oben zubringen. Beten, meditieren, natürlich studieren, das Kloster ist für die Kinder gleichzeitig Schule, Hausarbeit in Küche und Garten sind selbstverständlich. Meine anfänglichen Zweifel legen sich langsam, hier ist alles nur etwas anders, aber grundsätzlich ist der Tagesablauf so verschieden nicht zu dem der Kinder in Europa. Ganz im Gegenteil, die wenigsten Kinder in Europa werden zur Küchen oder Gartenarbeit angehalten und statt der Meditation haben bei uns alle Kinder den MP3 Stöpsel im Ohr. Ich lerne daraus, nur weil die Lebensweise ganz anders ist als ich sie kenne, muss sie weder langweilig noch unerfüllt sein, und überhaupt, wie viele Menschen in Deutschland wirken denn auf den ersten Blick wirklich glücklich und rundum zufrieden oder in sich ruhend?!

Zurück im Hotel schaue ich mir die Gäste an, wie zufrieden wirken sie? Alle sind ja zum Vergnügen hier, machen einfach Urlaub, oder bereiten sich auf eine Trekking Tour vor. Nahezu alle Gäste gehören zu einer Gruppe, ihr Tagesablauf ist voll durchgeplant, fast wie im Kloster, nur, sie wirken nicht entspannt, sondern sind immer unter Zeitdruck. Um 7 Uhr muss gefrühstückt werden, denn um acht geht es mit dem Bus nach Bhaktapur und so fort, verspätet sich der Bus, sitzen sie hilflos im Garten und warten. Schon beim Frühstück sind sie ganz unruhig, wo bleibt denn der Tee, warum sind die Eier noch nicht nachgelegt, warum gibt es keinen Saft mehr, der Toaster arbeitet so langsam, und überhaupt, warum drängeln sich so viele Gäste am Buffet. Trifft man während des Tages Touristen in Kathmandu, sie wirken ebenso angespannt, häufig auch sichtlich ermüdet, denn man "muss" ja, wenn irgend möglich, alle "Sehenswürdigkeiten" an einem Tag sehen. Am Abend, nach dem Essen, sitze ich gerne noch in der Bibliothek, ich hatte diesen wunderbaren Ort anfangs schon erwähnt, Bücher in allen Sprachen der Welt, vom Reiseführer bis zu spirituellen Werken, wie zum Beispiel denen von Alexandra David Neal. Eine gute Woche habe ich im Vajra verbracht, an keinem Abend hat sich ein anderer Gast in die Bibliothek verirrt, und das Vajra ist nicht klein, so um die 80 Touristen dürften zu der Zeit dort gewohnt haben.

Die Radtour

Am Montag (6.Oktober) geht es los. Trotz aller Widrigkeiten will ich versuchen, von Kathmandu nach Lhasa in Tibet zu fahren. Mir ist klar, dass ich ziemlich hoch pokere, denn bis zum 8.Oktober ist die Grenze noch komplett für Touristen gesperrt, nur, weil die Volksrepublik am 1.Oktober 60 Jahre alt geworden ist. Die Angst der Regierung ist schier unermesslich, dass es zu Protesten und Ausschreitungen kommt. Danach, so behaupten es alle Reisebüros in Kathmandu, wird man nur mit einem Guide nach Tibet einreisen dürfen, das will ich aber auf keinen Fall. Als Optimist gehe ich davon aus, dass sich vor Ort, an der Grenze, sicher eine Lösung finden lässt, China ist ja inzwischen ein relativ "weltoffenes" Land, warum sollte man einem einsamen Radfahrer die Einreise verwehren.

Bis zum Grenzort Kodari sind es rund 140 km, das sollte ich in zwei Tagen schaffen, zumal die Straße komplett geteert ist. Ich lasse es ganz ruhig angehen, denn am ersten Tag soll es nur bis Dhulikhel gehen, ca. 40km. Unterwegs möchte ich in Ruhe Bhaktapur ansehen und dann die schöne Landschaft von Dhulikhel genießen, inklusive dem Blick auf die 8000er. So schön Bhaktapur ist, so schlimm ist der Weg dorthin. Vom Vajra aus fahre ich mitten durch Kathmandu nach Osten, das geht ja noch, aber dann, am Stadtrand, muss ich ein paar Kilometer den im Bau befindlichen Highway nehmen, Autos ohne Ende, Staub ohne Ende oder Schlammschlacht ohne Ende, denn dort, wo wegen des Staubes Wasser auf die Fahrbahn gesprüht wird, bildet sich Schlamm. Die erste Abzweigung auf eine kleine Landstraße gehört mir. Ein paar Kilometer ist die Straße auch wunderbar, aber die letzten Kilometer bis Bhaktapur sind dann wieder die Hölle, endlos Staub, Schlaglöcher und Autos.

Der Lohn für diesen Höllenritt ist dafür perfekt. Die Altstadt von Bhaktapur ist in Gänze erhalten, so wie sie vor rund 500 Jahren gebaut worden ist. Rote Ziegel und Holz sind das Baumaterial, nicht nur für den Königspalast und die Tempel, auch für die ganz normalen Wohnhäuser, selbst der Straßenbelag besteht aus roten Ziegeln. Wären nicht die allgegenwärtigen Andenkenläden, man würde sich fünfhundert Jahre zurückversetzt fühlen. Allein die Holzschnitzarbeiten, die es zu bewundern gibt, sprengen jede Vorstellungskraft. Mir fällt sofort Quedlinburg am östlichen Harzrand ein, die Häuser und die Burg sind dort zwar überwiegend aus Naturstein gebaut, aber die Stadt ist auch als Ganzes so erhalten, wie sie vor etwa 700 Jahren gebaut worden ist. Ich erinnere mich, dass die Restaurierung Bhaktapurs in den 1970er Jahren durch eine deutsche Initiative gestartet worden ist. Bis in die 1980er Jahre flossen einige Millionen DM und einiges an Know How in dieses Projekt. Damals war es sehr schwierig, die Stadtverwaltung vom Nutzen der Instandsetzung all dieses "alten Krams" zu überzeugen. Heute ist die Stadt hocherfreut über die Touristenströme und die schon 1979 erfolgte Einstufung als Weltkulturerbe, an den Stadttoren wird schon seit Jahren ein Eintrittsgeld erhoben. Zwei Stunden streife ich durch die Straßen und Gassen von Bhaktapur , überall gibt es etwas zu entdecken, hier eine Töpferei in einem Innenhof, dort Wolle spinnende Frauen und etwas weiter, eine Frau die in einem eimergroßen Steinmörser Getreide klein stampft. Fast vergesse ich, dass bis Dhulikhel noch 15 km Weg vor mir liegen, auf einer kleinen Nebenstraße. Ich trinke einen Tee und dann geht es weiter. Die Landstraße ist wunderbar, glatt geteert, kein Auto weit und breit. Jetzt sehe ich auch, wo die ganzen Ziegel für Bhaktapur gefertigt worden sind, es vergeht kein Kilometer ohne dass ich über eine kleine Ziegelei stolpere, eingebettet in Reisfelder und Bananenplantagen. Wie könnte es anders sein, nach ein paar Kilometern ist

Schluss mit schöner Teerstraße, Schotter in wechselnder Größe ist jetzt angesagt, teilweise hilft nur schieben. Mir scheint, ich bin der einzige Mensch weit und breit. Auf der Passhöhe bei Amaldo stehen drei Häuser und ein Militärposten und es gibt einen Kaufladen, ich gönne mir eine Cola. Kaum, dass ich sie in Händen halte, habe ich schon eine halbes Dutzend Kinder um mich versammelt, alle müssen mein Fahrrad anfassen, die Bremsen testen, den Reifendruck prüfen, den Kilometerzähler genau untersuchen und so fort. Nach fünf Minuten sind es zehn Kinder, eins neugieriger als das andere, am liebsten würden sie mich, respektive mein Fahrrad da behalten, ich muss schon ziemlich deutlich werden, dass jetzt Schluss mit lustig ist und ich weiter fahren möchte. Auf den letzten Kilometern von Banepa nach Dhulikhel gibt es wieder eine Teerstraße, dafür aber auch viele Autos, es ist der Highway von Kathmandu nach Dhulikhel und Kodari, eine der ältesten Handelsrouten nach Tibet.

Dhulikhel

Dhulikhel wirkt auf den ersten Blick eher ungemütlich, ich folge dem Wegweiser "Dhulikhel Lodge Resort", nur 200 Meter abseits der Straße taucht man in eine andere Welt ein, ein gepflegtes Hotel, am Hang gelegen, mit einem Traumblick über die liebliche Hügellandschaft, nur die versprochenen 8000er verbergen sich auch hier hinter Wolken. Jedes Zimmer hat einen Balkon mit Blick über die Hügel und das Restaurant bietet von seiner Terrasse einen atemberaubenden Ausblick, jetzt verstehe ich warum alle Nepal Touristen von Dhulikhel schwärmen. In welche Richtung man auch schaut, die Landschaft wirkt fast wie gemalt, die Farben und Formen scheinen wie erfunden, obwohl sie ganz real vor mir liegen. Die Frage, was ist Realität überhaupt, erschaffen wir nicht die Welt ständig in unserem Kopf, sie ist hier beantwortet, zwischen erfunden und real ist, an diesem Ort und bei diesem Licht, kein Unterschied auszumachen. Vollkommen real sind meine Mitgäste, schwer angesagt ist offensichtlich, als Pärchen einen deutschsprachigen Nepali als Führer zu engagieren, ich fühle mich fast in alte Kolonialzeiten zurückversetzt. Der einzige Single, den ich treffe, ist ein Physiotherapeut aus England, der für zwei Monate am örtlichen Krankenhaus, eines der besten im ganzen Kathmandu Tal, eine Fortbildung veranstaltet. Lange noch sitze ich an diesem Abend auf meiner Veranda, tauche ein in das Zirpen der Grillen und den mehr und mehr funkelnden Sternenhimmel. In einem solchen Moment ist die Frage der Realität der Welt vollkommen bedeutungslos, die Welt ist einfach da und ich bin ein Teil von ihr.

Kodari

Am nächsten Morgen liegt dichter Nebel über der Landschaft, surreal wirkt das Ganze. Es ist schon fast zehn Uhr als ich starte, ich habe keine Ahnung, ob ich die 90 km bis Kodari in einem Rutsch schaffe. Zunächst geht es 1000 Höhenmeter bergab, das ist natürlich kein Problem, aber dann geht es die 1000 Höhenmeter wieder bergauf, denn Kodari liegt wie Dhulikhel auf 1600 Meter Höhe. Bis Barhabise ist die Straße super gut, ich bin gegen Mittag schon dort und beschließe weiterzufahren. Nur wenige Kilometer später wird die Straße schlechter, ich habe das Gefühl, alle zwei Kilometer ist erst gestern ein Erdrutsch über die Straße gefegt. Dann fallen die ersten Regentropfen, zunächst ist es noch angenehm, leichter Nieselregen, der bei der Bergauffahrt angenehm kühlt, aber ganz langsam und fast unmerklich nimmt der Regen zu, eine Stunde später gießt es wie aus Eimern. Trotz der Steigung wird mir immer kälter, die allgegenwärtigen Bäche, die die Straße überqueren, werden mehr und mehr zu reißenden Strömen, verbissen fahre ich weiter, immer wieder muss ich auch schieben, das Wasser steht in meinen Schuhen, inzwischen ist alles durch und durch nass, obwohl ich mein Gepäck in Plastiktüten in den Packtaschen verstaut habe, mache ich mir langsam Sorgen, wie trocken es wohl geblieben ist. Der letzte Kilometer vor Kodari ist so steil und ich bin dermaßen am Ende meiner Kräfte, dass ich schiebe.

Nichts wünsche ich mir sehnlicher als eine Herberge mit einer warmen Dusche und einem warmem Essen.

Nach vier Stunden Regenfahrt bin ich um 17 Uhr endlich in Kodari, gleich am Ortseingang finde ich eine Herberge, das "Manasarovar Guest House", ich bin überglücklich, aber, es gibt nur eine kalte Dusche. Ich dusche trotzdem, stelle dabei fest, dass bei einer der Bachdurchquerungen ein Blutegel Gefallen an meinem Bein gefunden hat, ich reiße ihn ohne große Überlegung ab, es blutet natürlich eine ganze Weile. Später lese ich, dass ich ruhig hätte warten sollen, bis er genug Blut aufgesaugt hat und ganz von allein von mir abfällt, aber es war halt mein erster Blutegel. Nach der kalten Dusche ist mir noch kälter als vorher, ich ziehe alle warmen Sachen an die ich dabei habe, setze mich in die, natürlich nicht geheizte, Gaststube und bestelle einen Kaffee. Der kommt glücklicherweise schnell, so kann ich die inzwischen "abgestorbenen" Finger, weiß, blutleer und eiskalt sind sie, an der warmen Tasse langsam wieder zum Leben erwecken. Erst jetzt bemerke ich das nagende Hungergefühl in meinem Magen, seit dem Frühstück um acht Uhr habe ich nichts gegessen und drei Cola unterwegs füllen den Magen ja nicht wirklich. Sofort bestelle ich eine Tomatensuppe und ein Egg Chowmen, die Tibetische Ausführung von Spaghetti mit Rührei, nur etwas fetter. In der Küche hört man den Koch eifrig seiner Arbeit nachgehen, Gemüse wird geschnitten, Wasser kocht, Fett sprudelt in der Pfanne, aber es dauert und dauert. Nach fast einer Stunde, dem dritten Kaffee und kurz vor einem Schwächekollaps, kommen dann Suppe und Nudeln gleichzeitig. Es ist geschafft! Ganz vorsichtig nehme ich die ersten Löffel Suppe zu mir und spüre wie mein Körper ganz langsam wieder zu normalen Funktionen übergeht, mir wird Stück für Stück wieder warm und ganz allmählich legt sich das Hungergefühl. Ich gehe auf mein Zimmer, nehme noch alle verfügbaren homöopathischen Kügelchen gegen Kälte, Nässe, Schnupfen und "Zu viel von Allem", um 20 Uhr liege ich im Bett und schlafe auf der Stelle ein.

Am nächsten Morgen regnet es immer noch, erst jetzt realisiere ich, dass fast alle meine Kleidungsstücke in den Packtaschen trocken geblieben sind, nur der Schlafsack hat ein paar Nässeflecken, da war die Hülle wohl nicht wirklich wasserdicht. Die Radfahrkleidung ist natürlich total durchnässt, ohne Heizung wird das ewig dauern, bis die wieder trocken ist. Gleichgültig ob draußen auf meinem Balkon oder drinnen im Zimmer, ohne Sonne oder Heizung ist die Lage eher schwierig. Ich frühstücke erst einmal, aber der Regen hört und hört nicht auf, also beschließe ich, den Tag hier zu verbringen, zwischen Zimmer und Balkon. Mit aller Muße kann ich das Dorfleben von Kodari studieren: die Busse, die durch den Ort fahren, mit Fahrgästen auf dem Dach, die Kinder, die auch im Regen auf der Straße spielen, Frauen, die an der Wasserstelle neben meinem Guest House die Wäsche und die Haare waschen, etwas später auch das Gemüse fürs Mittagessen und noch etwas später das Geschirr, die Männer die plaudernd beim Tee sitzen und die Lastwagen, die den ganzen Tag Richtung chinesischer Grenze fahren.

Am Nachmittag lässt der Regen endlich nach, ich erkunde das Dorf und seine Umgebung. Von einer kleinen Anhöhe vor dem Ort hat man einen Blick über das ganze Straßendorf Kodari, wie es sich zwischen Berghang und Fluss in Richtung Tibet schlängelt. Weit hinten über Kodari sieht man Zhangmu, den ersten Ort in Tibet, wie ein Schwalbennest ist es an den Berg geklebt. Mein Verlangen endlich die Grenze zu überschreiten und in Tibet zu sein wird immer größer. Aber für heute ist es schon zu spät, so spaziere ich durch den Ort, vorbei an einer endlosen Schlage von LKWs, die auf den Grenzübertritt warten, vorbei an den öffentlichen Wasserstellen und den öffentlichen Toiletten, vorbei an Geschäften, die alles feilbieten was man so braucht, von Kleidung bis zu Lebensmitteln. Und natürlich treffe ich Menschen, die, die hier nur durchreisen, wie die LKW Fahrer und auch die, die hier, am Ende der Welt, wohnen. Sicher, nicht alle sind die Fröhlichkeit in Person, aber ich treffe doch viele fröhlich und glücklich ausschauende Menschen. Zwei Frauen, so um die vierzig, fallen mir besonders auf und werden mir für immer im Gedächtnis bleiben. Kein Wort Englisch sprechen sie, kommen äußerst ausgelassen auf mich zu und bitten mich, nonverbal und in Nepali, ein Foto von ihnen zu machen. Sie amüsieren sich köstlich darüber, dass ich sie und ihre Scherze   nicht verstehe. Schade, dass die fehlenden Sprachkenntnisse nur eine so oberflächliche Begegnung zulassen. Das Foto dieser beiden Frauen in Kodari zählt zu meinen absoluten Lieblingsbildern, weil es Lebensfreude pur vermittelt.

Am Abend ist der Himmel sternenklar, ich gehe früh zu Bett, da ich am nächsten Morgen so früh wie möglich in Richtung Tibet starten möchte.

Lebensfreude in Kodari

Bananenfrau am Highway

Die Grenze

Um 7 Uhr sitze ich am nächsten Morgen schon beim Frühstück, der Himmel ist immer noch blau, Kodari liegt im Schatten und es ist kühl. Der Radfahrdress ist nur mäßig trocken, ich ergänze ihn durch eine Lage Thermounterwäsche und los geht es in Richtung Grenze. Den Nepali Grenzposten am Dorfende bemerke ich nicht, ein ganz normales Haus, aber ich werde natürlich von einem aufmerksamen Grenzhüter gestoppt. Drinnen gibt es sofort einige Aufregung, weil ich nur ein Visum für China habe und kein Permit für Tibet, es kostet mich zwanzig Minuten und ein Vorsprechen beim Chef des Hauses, bis man mich auch so ziehen lässt, allerdings mit der Bemerkung, dass die Chinesen mich so nie über die Grenze lassen und ich gleich doch wieder zurückkommen werde. Das spornt mich natürlich an, bei den Chinesen mein Äußerstes zu geben. Nach 200 Metern überquere ich auf der "Friendship Bridge" den Fluss, die Brücke ist massiv von Chinesen bewacht, dann kommt man in das Grenzterminal. Man wähnt sich in einem Flughafen, polierter Granit, viel Glas und diverse Sicherheitskontrollen. Erste Hürde "Health Check", die große Angst vor der Schweinegrippe. Zunächst will man mich wegen des fehlenden Permits für Tibet nicht einmal auf meine Gesundheitslage prüfen, nach längerer Diskussion hat man wohl die Nase voll von mir und lässt mich den üblichen Zettel mit der Selbstauskunft ausfüllen. Ich muss den Fahrradhelm abnehmen und die Wärmebildkamera prüft meinen Kopf, offensichtlich keine erhöhte Temperatur. Ich darf weiter zur Gepäckkontrolle, Durchleuchtung wie auf dem Flughafen, kein Problem, doch dann kommt die Passkontrolle.

Nein, ohne Permit geht hier nichts und ohne Guide auch nicht. Die Englisch Kenntnisse der Chinesen sind eher dürftig, sie holen Unterstützung, alle sind äußerst freundlich aber hart in der Sache, ich könne ja einen Guide mieten und das Permit beantragen, würde zwei Tage dauern und dann könne es losgehen. Ich erkläre, dass ich keinen Guide brauche, ich hätte gute Karten und möchte nicht, dass ein Guide mit seinem Auto vor mir her fährt, ich möchte schließlich allein mit der Landschaft und meinem Fahrrad sein. Eine Stunde lang versuche ich es, mit Engelsworten und Geduld, ich warte einfach und denke, irgendwann lassen sie mich doch durch, aber Fehlanzeige, mit sanfter Gewalt werde ich aus dem Gebäude geführt und mir zweifelsfrei erklärt, dass es nur den Weg zurück gibt, wenn ich so hartnäckig einen Guide ablehne.

Ich zeige es nicht, bin aber unendlich wütend, ärgere mich, dass ich das Unmögliche nicht geschafft habe, sehe die hämischen Gesichter des Nepali Grenzpostens, steige wutschnaubend auf mein Rad und fahre bergab in Richtung Dhulikhel. Die Uhr zeigt inzwischen fast 11 Uhr und es ist vollkommen schwachsinnig, so spät noch zu einem 90 km Trip zu starten, insbesondere, wenn es am Nachmittag 1000 Höhenmeter bergauf geht. Die Sonne scheint, aber ich nehme es nicht wirklich wahr, nur fahren ist angesagt, erst als ich im Tal auf 600 Meter Höhe bin, realisiere ich, wie warm es schon ist, aber statt in Barhabise zu übernachten, nehme ich den Anstieg nach Dhulikhel in Angriff. Es ist schlimmer als auf dem Hinweg im Regen, ich schwitze was die Poren hergeben, die Wasserflaschen sind längst leer, jede halbe Stunde brauche ich eine Pause und eine Cola, gegen 16 Uhr bin ich schon vollkommen am Ende, es sind aber immer noch 30 km bis Dhulikhel, bergauf! Ich muss mich übergeben, aber es nützt nichts, wenn ich nicht am Straßenrand schlafen will, muss ich durchhalten. Die letzten 10km schiebe ich mehr als ich fahre, inzwischen wird es dunkel, ich stecke die LED Beleuchtung ans Rad und weiter geht es, viele Autos fahren ohne Licht. Um 19 Uhr habe ich es geschafft, die Dhulikhel Lodge liegt in angenehm warmem Licht vor mir. So wie ich bin, durchgeschwitzt und dreckig, setze ich mich auf die Terrasse des Hotels und gönne mir ein Bier. Eine halbe Stunde bleibe ich sitzen, mag überhaupt nicht mehr aufstehen, erst als es mir kalt wird, schleppe ich mich in mein Zimmer und stelle mich unter die warme Dusche, unbeschreiblich, wie gut das tut. Dann geht es zurück zum Restaurant, ich bestelle ein neues Bier und eine Tomatensuppe, ich habe Hunger und Durst, aber die Suppe bekomme ich nicht runter, mit

Mühe esse ich die Scheibe Toastbrot zum Bier, die Suppe lasse ich stehen, mein Körper will einfach keine warme Nahrung. Ich schwöre mir, solch einen Höllenritt nicht wieder zu unternehmen.

Dhulikhel

Am nächsten Morgen geht es mir besser, ich freue mich schon beim Aufstehen auf das Frühstück. Die Sonne scheint, es ist angenehm warm und das Frühstück schmeckt ausgezeichnet. Den halben Vormittag sitze ich dort, erfreue mich am Anblick der Landschaft, dem guten Essen und einem Gespräch mit dem Physiotherapeuten aus England, den ich auf dem Hinweg schon getroffen habe. Wir diskutieren die Mentalitätsunterschiede zwischen Nepali und Europäern aber auch zwischen Deutschen und Engländern. Deutsche Studenten gelten in GB als äußerst strebsam. Er beklagt, dass es in Europa unendlich viele Hilfstöpfe für Nepal gibt, die Nepali es aber entweder nicht wissen oder nicht wollen. Wir einigen uns darauf, dass man hier viel eher mit dem Status Quo zufrieden ist als in Europa, dieses, ich brauche eine größeres Auto, einen größeren Fernseher und so fort, gibt es in Nepal nur sehr selten, man hat ein Dach über dem Kopf, etwas zu essen und fertig. Natürlich gibt es keine echte Alternative, aber es gibt trotzdem nicht dieses Gejammer, was man alles unbedingt noch brauche. Dafür hat man Zeit, tut alle Dinge in Ruhe und genießt den Tag und die Stunde. Wer möchte da entscheiden welche Lebensform vorzuziehen oder gar "besser" ist. Den Rest des Vormittags wandere ich einfach ein wenig umher, genieße die Entspannung und die Landschaft.

Am Nachmittag fahre ich mit dem Bus nochmals nach Bhaktapur, möchte ohne Fahrrad durch die Altstadt schlendern, außerdem brauche ich Bargeld und dort gibt es einen Geldautomaten. Eine Busfahrt in einem Land wie Nepal ist immer ein Erlebnis, der Fahrpreis für die zwanzig Kilometer ist verschwindend klein, 50 Cent, der Komfort aber auch. Natürlich ist der Bus voll bis zum letzten Stehplatz, aber einer passt immer noch rein. Die Stehhöhe ist für Nepali perfekt, für Europäer fehlen mindestens 10 cm und die Federung war gestern. Dafür fasziniert Bhaktapur genauso wie beim ersten Besuch, ich schaue in jede kleine Gasse, jeden Hinterhof und spüre wie man hier lebt, bescheiden und ruhig, trotz aller Touristen die hier herumlaufen und für die es natürlich jede Menge Läden mit Souvenirs gibt, Ansichtskarten, Schmuck, Buddhafiguren, und von Allem reichlich.

Mit Einbruch der Dämmerung bin ich zurück in Dhulikhel, lasse mir das Bier und das Abendessen schmecken und schmiede die Pläne für die nächsten Wochen. Inzwischen ist es dunkel, die Grillen zirpen, es ist immer noch milde und vor mir liegen die neu gekauften Karten von Nepal, insbesondere von Pokhara und dem Annapurna Gebiet. Ein zweites Bier muss her und im Geiste sehe ich mich schon den Highway von Kathmandu nach Pokhara fahren, 200 km, und dann über Baglung in Richtung Mustang vordringen. Dieser Trip nach Westen ist jetzt beschlossen, ich habe zwar keine Ahnung was mich dort erwartet, denn vorbereitet war ich ja auf Tibet, aber wer nicht wagt der nicht gewinnt. Nur, dass Pokhara sehr schön sein soll, das habe ich gehört, und, dass die Annapurna Gegend sehr beliebt bei Trekking Touristen ist. Nun, morgen werde ich zunächst auf einer kleinen Nebenstraße durch ein Seitental nach Kathmandu fahren, so rund 40 km, muss nach Kartenlage sehr schön sein. Dann kommen die 200 km von Kathmandu nach Pokhara auf dem Highway, die werde ich in zwei oder drei Tagen hinter mich bringen, es gibt da keine ernstzunehmende Alternative.

Zurück nach Kathmandu

Heute ist mein Geburtstag, für alle Neugierigen, ich werde 58 Jahre alt, die Sonne scheint, das Frühstück schmeckt und ich komme wieder ins Gespräch mit dem Physiotherapeuten aus England. Es ist 10 Uhr als ich loskomme, aber was soll's, bis Kathmandu sind es ja nur 40 km. Ich wähle eine kleine Straße südlich des Highways, über Pananti, Mauedobhan, Thakurigaan und Luhhu nach Kathmandu. Vorbei an der Kathmandu University, die hier wunderschön in die Landschaft Dhulikhels eingebettet liegt, geht es zunächst auf einer prächtigen kleinen Teerstraße durch das weite Tal. Links und rechts ist die Reisernte in vollem Gange, natürlich archaisch, mit der Sichel geschnitten, in Bündeln zur Sammelstelle getragen und dort mit einer kleinen, fußbetriebenen Maschine gedroschen, die aussieht wie die alten Nähmaschinen, funktioniert prächtig. Etwas weiter wähne ich mich weitere hundert Jahre zeitversetzt, unter einer Plastikplane, als Sonnenschutz, sitzen ein Dutzend Frauen und zerschlagen mit einem Hammer große Steine zu kleinen Steinen. Noch denke ich, dass es an dem entlegen Tal liegt, später werde ich lernen, dass es im ganzen Land so geht und ich relativiere auch mein anfängliches Entsetzen über diese monotone Arbeit. Denn erstens ist es ein Arbeitsplatz, und die Frauen verdienen Geld damit, und zweitens, laufen hier ja alle Tätigkeiten in größter Ruhe und Gelassenheit ab. Ich sollte vorsichtiger sein mit meinen voreiligen Schlüssen über die "menschenunwürdige" Arbeit. Bei all solchen Vergleichen sollte man sich immer fragen, was würde ein Nepali zu einem Arbeitsplatz in Europa sagen, mit der allgegenwärtigen Hektik?

Das Tal wird immer enger, die Landschaft immer schöner und nach wenigen Kilometern endet die Teerstraße, dafür geht es jetzt gut bergan, so genau hatte ich mir die Karte wohl nicht angeschaut. Für die 25 km bis zur Passhöhe brauche ich vier Stunden, dafür habe ich aber auch 600 Höhenmeter bewältigt und ein Tal durchmessen, das seinesgleichen sucht. Sanft ansteigende Hänge, sattes Grün überall, Getreide jeder Art, Bananen, geradezu paradiesisch, so habe ich dieses Tal empfunden, wie eine Zeitreise, tausend Jahre zurück. Immer wieder trifft man kleine Siedlungen, mehr als zehn Häuser sind es nicht, dazwischen liegen Einzelgehöfte, nur zu Fuß erreichbar, wie an den Hang geklebt, terrassierte Reisfelder, kleine Gemüsegärten, überall wird ruhig und fröhlich gearbeitet, ein Lächeln oder ein fröhliches Winken für den "Außerirdischen Gast" mit seinem Fahrrad ist immer drin. Grundschulen gibt es hier wie Sand am Meer, mindestens vier habe ich während der vier Stunden passiert, angestaunt werde ich gleichermaßen von den Schülern und den Lehrern, die Lehrer haben alle Mühe die Kinder wieder zum Unterricht zu bewegen, sind selbst aber auch neugierig und müssen klären, wo ich herkomme und hingehe.

Schließlich erreiche ich die Passhöhe, der Blick ins Kathmandu Tal öffnet sich, in leichtem Dunst liegt es vor mir, ganz ruhig wirkt es. Für mich ist es beruhigend, dass es jetzt nur noch bergab geht, 15 km bis Kathmandu, für heute hat die Schinderei ein Ende. Zwei Mountainbiker treffe ich hier oben, die aus Kathmandu hier hochgekommen sind und nach Dhulikhel weiter wollen. Wir tauschen unsere Erfahrungen über die Straße aus, so erfahre ich, dass die ersten 5 km nicht nur mörderisch steil nach unten führen, sondern auch, dass es eine Schotterstraße übelster Machart ist. Nun, die Hälfte der ersten fünf Kilometer muss ich das Rad schieben, zu grob ist der Schotter, zu steil die Straße, aber dann gibt es die Teerstraße und die letzten zehn Kilometer rolle ich entspannt nach Kathmandu. An der Ringstraße ist es mit der Ruhe vorbei, ich tauche wieder ein in den Lärm und Dreck Kathmandus. Ich beschließe, gleich hier, im südlichen Kathmandu, im Ortsteil Patan, den ich ja schon als sehr schön und ruhig kennengelernt habe, ein Hotel zu suchen. Aber offensichtlich ist dieser Teil bei Touristen sehr beliebt, ich brauche drei Anläufe, dann habe ich im Summit Hotel ein Zimmer, zwar ohne eigenes Bad, alle anderen sind auch hier belegt, aber ich bin glücklich. Wie beim Vajra, finde ich auch hier eine Oase mit allem Komfort, nach der Dusche gönne ich mir einen Kaffee und ein Bier, sitze einfach da und genieße diesen Ort. Vor dem Abendessen führt mich ein kleiner Spaziergang durch die Nahumgebung des Hotels, ich staune nicht schlecht über die Infrastruktur, es gibt einen Ökoladen für Nahrungsmittel jeder Art und einen gut sortierten Weinladen, direkt um die Ecke. Ein paar Schritte weiter finde ich an einer Mauer einen Spiegel mit der Inschrift "I can see god in you", wenn das keine Ansage ist, ich muss einfach ein Selbstporträt fotografieren, noch eine Ecke weiter liegt ein totes Pferd am Straßenrand, so ist das im echten Leben.

Inzwischen schwindet das letzte Tageslicht, ich setze mich in den Hotelgarten und wende mich dem Abendessen zu, die Karte ist unerschöpflich und bietet zu meinem Entsetzen auch Eisbein und Wienerschnitzel, das ist gelebte Globalisierung. Neben einer Gemüsesuppe wähle ich tibetische Momos, kleine, gefüllte Teigtaschen, so ähnlich wie die Maultaschen in Deutschland. Das Essen ist ausgezeichnet, das Restaurant füllt sich zusehends. Ein Holländer setzt sich zu mir an den Tisch, er ist heute Nachmittag in Kathmandu gelandet und wird drei Tage im Summit verbringen, bis er zu einer geführten Trekking Tour in die Annapurna Region aufbrechen wird. Wir plaudern den ganzen Abend und ich erfahre so, wie eine solche Tour, mit rund zwanzig Leuten, mit Guide und Trägern, abläuft, denn es ist nicht seine erste Tour. Für diese Tour hat er ein Einzelzelt gebucht, von den 14 Tagen wird an 7 Tagen im Zelt übernachtet, an den anderen Tagen in einer Lodge. Das gesamte Gepäck wird von Trägern getragen, die Zelte werden auf und abgebaut und natürlich werden auch die Mahlzeiten fertig serviert. Am Morgen um 8 Uhr trifft man sich zum Frühstück, gegen 9 Uhr geht es dann los. Von 12 bis 14 Uhr ist Mittagspause mit Imbiss und Tee und dann läuft man nochmals zwei, maximal drei Stunden, bevor das Nachtlager aufgeschlagen wird oder die Lodge erreicht ist, mehr Komfort geht nicht. Später werde ich solche Gruppen treffen und erleben, wie selbst in einer Lodge die Rundumbetreuung abläuft, wie gut, dass ich vollkommen allein unterwegs bin, das würde ich nicht aushalten. Mein Holländer ist müde vom Flug und geht früh zu Bett, so kann ich noch eine Weile allein im Garten sitzen und gönne mir zu meinem Geburtstag ein Glas Wein, ein Luxus, der nicht in jedem Hotel geboten wird. Die Luft ist mild, die Grillen zirpen, ich lasse den ganzen Tag nochmals an mir vorbeiziehen, diese Zeitreise durch das kleine Tal, die Menschen, die ich getroffen habe, es ist einer der schönsten Geburtstage in meinem Leben.

Ich habe beschlossen, noch eine Nacht hier zu bleiben, denn mir fehlen Karten für die Strecke von Kathmandu nach Pokhara und vom Annapurna Gebiet, außerdem muss ich mein Visum für Nepal verlängern lassen, kann ja alles nicht so schwierig sein, denke ich. Die Visa Behörde ist in meinem Stadtplan eingezeichnet und Läden die Kartenmaterial anbieten gibt es in Kathmandu reichlich. Ich ziehe wohlgemut los und muss feststellen, die Visabehörde sitzt überhaupt nicht dort, wo sie eingezeichnet ist, im Gebäude des Tourist-Office, sondern ein paar Straßen weiter an einer großen Kreuzung. Die Dame im Tourist-Office malt mir einen Kringel in meinen Stadtplan und ich marschiere los. Ist ja ganz einfach, die Kreuzung finde ich auch leicht, aber das Immigration Office, zu dem ich soll, kann ich beim besten Willen nicht entdecken. Ich frage Passanten, ich frage Polizisten, nichts, keiner hat eine Ahnung wo das Immigration Office lokalisiert ist. Schließlich stolpere ich über das Ministerium für Wasserwirtschaft, im Eingang stehen eine Handvoll Leute, offensichtlich Bedienstete des Ministeriums. Mit meiner Frage löse ich eine heftige Diskussion aus, offensichtlich hat man zumindest eine Ahnung wo das Immigration Office sein könnte, aber wie man mir den Weg beschreiben soll, das scheint eher unklar, es endet damit, dass einer der Herren beauftragt wird, als Guide mit mir zu gehen. Ich staune nicht schlecht, es sind nur 500 Meter bis zum Ziel, aber das Gebäude liegt so gut versteckt, in der zweiten Reihe, dass man es nur finden kann, wenn man genau weiß, dass es dort ist. Es geht erstaunlich schnell, eine halbe Stunde später, natürlich gegen ein kleines Trinkgeld, habe ich das verlängerte Visum.

Zufrieden schlendere ich in Richtung Thamel um dort das Kartenmaterial für die Annapurna Tour und den Weg nach Pokhara zu kaufen. Schnell muss ich feststellen, gute Karten gibt es nur für die touristisch gut erschlossenen Gebiete, das Kathmandu Tal, Pokhara und Umgebung und natürlich für das Annapurna Gebiet, aber für die zweihundert Kilometer von Kathmandu nach Pokhara ist meine, aus Deutschland mitgebrachte Karte für ganz Nepal, noch die beste. Zu einem Mittagsimbiss lasse ich mich mal wieder auf der Dachterrasse des Restaurants "Kasthamandap" am Durbar Square nieder, trotz allen Touristenrummels, viele Gruppen werden zur Mittagspause hier hoch geführt, ist es einfach ein schöner Ort, unter Sonnenschirmen sitzend genießt man einen fabelhaften Ausblick auf Kathmandu. Hier beschließe ich nun endgültig von Kathmandu nach Pokhara den Highway zu nehmen, 200 km auf einem der Hauptverkehrswege in Nepal, in zwei, maximal drei Tagen, kann ich dann in Pokhara sein. Gelassen schlendere ich zum Summit Hotel zurück, lasse nochmals den Trubel Kathmandus auf mich wirken, und bin gespannt wie es morgen auf dem Highway aussieht.

Auf dem Weg nach Pokhara

Am nächsten Morgen scheint die Sonne, so, wie ich sie lange nicht gesehen habe, der Himmel ist makellos blau, das Frühstück ist vorzüglich, was möchte man mehr. An der Rezeption treffe ich zwei Motorradfahrer, die gestern hier angelandet sind, über den Highway aus Pokhara. Die reine Hölle erzählen sie, LKWs ohne Ende, und speziell bei den Serpentinen des Passes, direkt nachdem man Kathmandu verlassen hat, hätten sie um ihr Leben gefürchtet. Die beiden Biker sehen nicht wie Weicheier oder Angsthasen aus, eher wie ganze Kerle, mir wird etwas flau in der Magengegend, nachdem mich der Jungbulle gleich am ersten Tag verschont hat, muss meine letzte Stunde ja jetzt nicht auf dem Highway schlagen.

Ich fahre nachdenklich und ganz langsam über die Ringstraße und biege dann in Richtung Pokhara ab. Etwa 200 Höhenmeter sind bis zur Passhöhe zu überwinden, nicht wirklich viel und nicht sonderlich steil, aber der Anstieg dauert länger als ich dachte. Auf dieser Strecke habe ich noch nicht um mein Leben gefürchtet, auch wenn der LKW Verkehr schon lästig ist. Neben dem Staub wird man immer wieder in rabenschwarze Dieselabgaswolken gehüllt. Dann kommen die Serpentinen, es geht bergab, die Straße ist nun viel schlechter, ich fahre bergab ebenso langsam wie bergauf, aber, die Hölle ist es nicht, zugegeben, manchmal ist es eng, laut und dreckig sowieso, aber als Radfahrer hat man immer eine Chance sich rechtzeitig in Sicherheit zu bringen. Die LKW Fahrer sind zu meinem Erstaunen sehr freundlich, immer wieder erlebe ich, dass ein LKW hinter mir geduldig wartet, bis der Gegenverkehr vorbei ist. Gehupt wird immer, aber nur als Zeichen, Achtung hier komme ich von hinten, nicht nach der deutschen Devise "Verpiss dich du blöder Radfahrer".

Nachdem der Pass überwunden ist, geht es mehr oder weniger gleichmäßig bergab, die Straße folgt einem Flusslauf, dem Trishuli Nad, ich erreiche jetzt einen Schnitt von über 20 km pro Stunde und bin nach nur sieben Stunden und 110 km gegen 16 Uhr in Mugling. Kurz vor dem Ort befindet sich eine Gondelbahn, die einzige in ganz Nepal, die zu einem Heiligtum auf einem der Berge führt, Manakamana. Ein unglaublicher Rummel herrscht hier, nur ein Hotel gibt es nicht. Ich frage ein paar Leute und höre, dass ich nur zwei Kilometer vorher am Hotel "Holiday Home" vorbeigekommen sei. Stimmt, nur sah es dermaßen verlassen aus, als wenn es schon seit zehn Jahren nicht mehr betrieben wird, ich bin einfach vorbei gefahren. Also kehre ich um, und tatsächlich sitzt jetzt ein Wachmann vor seinem Häuschen am Eingang. Immerhin ein Lebenszeichen, natürlich ist das Hotel geöffnet, antwortet er auf meine Frage, und führt mich zur Rezeption. Ich bin verblüfft, hier finde ich neben dem Chef noch zwei weitere Bedienstete, wir bestaunen uns gegenseitig, man will mir kaum glauben, dass ich an einem Tag von Kathmandu mit dem Rad bis hierher gefahren bin und ich habe immer noch Zweifel, ob das Hotel wirklich in Betrieb ist, selbst wenn es ein Zimmer gibt, wird es auch etwas zu Essen geben?

Nachdem die Frage geklärt ist, ob ich gerne ein Zimmer mit Bad hätte, das Fahrrad darf im Rezeptionsraum parken, werde ich zu meinem Zimmer geführt, das Gepäck wird natürlich von einem Angestellten getragen. Die ganze Hotelanlage liegt an einem Berghang, als wir die erste Haupttreppe hinter uns haben, öffnet sich eine unerwartet große Fläche, mit einem Restaurant und einer großen Terrasse mit Blick auf das Tal, das jetzt rund zwanzig Meter unter uns liegt. Wir kommen am Außentresen vorbei und können in die Küche schauen, tatsächlich, auch hier sind Bedienstete, verhungern werde ich also nicht. Über kleinere Treppen geht es immer weiter bergauf, vorbei an den einfachen Zimmern, bis zur Ebene der Komfort Zimmer. Wie ein Band ziehen sich kleine Reihenhäuschen am Berghang entlang, zwanzig oder dreißig mögen es sein, und eins davon, mittendrin, gehört nun mir. Ich bin glücklich und freue mich auf die warme Dusche, denn heute bin ich nicht nur durchgeschwitzt, sondern, ich sehe auch aus wie ein Schornsteinfeger. Die Dieselabgase und der Staub haben in Verbindung mit dem Schweiß eine schwarze Zweithaut über mich gelegt. Nun, das Zimmer ist schön, überdachte Veranda, geräumiges Bad, aber, es gibt nur kaltes Wasser, und das, obwohl ein Durchlauferhitzer an der Wand hängt. Das Bild eines Märchenschlosses im Dornröschenschlaf steigt in mir auf, als wenn nach Jahrzehnten, heute, nur für mich, das ganze Hotel aktiviert worden ist, nur der Durchlauferhitzer will einfach nicht erwachen. Weit und breit sehe ich keinen anderen Gast, aber das Hotelpersonal scheint sich ständig zu vermehren, als ob auch hier nach und nach alle aus dem Schlaf erwachen. So ist es kein Problem die Warmwasserfrage zu klären. Der Erhitzer lässt sich nicht aktivieren, aber, wie immer in Nepal, es wird eine Lösung gefunden, zwanzig Minuten später bekomme ich einen 20 Liter Eimer mit heißem Wasser geliefert, zwar unkonventionell aber praktikabel. Nochmals zwanzig Minuten später fühle ich mich wie ein neuer Mensch. Jetzt werden aber Durst und Hunger unüberhörbar, ich setze mich auf die Veranda des Restaurants, schaue aufs Tal hinunter und nehme nur noch gedämpft den Lärm der Straße wahr. Das Restaurant funktioniert prächtig, schnell sind ein paar Getränke auf dem Tisch, neben dem Tee auch ein Bier, mein Durst ist grenzenlos. Inzwischen ist es bald 18 Uhr, es wird langsam dunkel, ich bin immer noch der einzige Gast. Das Bild des Märchenschlosses wird immer stärker, am Berghang, in den Wald gebaut, liegt es da, als wäre es überhaupt nicht real sondern pure Imagination. Wäre nicht das Rauschen der Straße unten im Tal und stünde nicht plötzlich das Essen auf meinem Tisch, ich wäre mir nicht mehr sicher, in welcher Welt ich mich grade befinde. Nach dem Essen sitze ich mit einem letzten Bier noch lange auf der Veranda vor meinem Zimmer, die

Luft ist milde, die Grillen zirpen und unten rauscht die Straße, was war das für ein Tag.

Pokhara

Früh um sieben Uhr sitze ich beim Frühstück, die Luft ist frisch und es ist total bewölkt, die Wolken hängen bis auf den Talgrund. Das "Märchenschloss" schwebt geradezu in den Wolken, alles wirkt noch unwirklicher als am Vortag, selbst das Rauschen der Straße scheint verschwunden zu sein. Erst als ich um acht Uhr auf dem Fahrrad sitze und die noch müden Beine spüre, bin ich sicher, das hier ist ganz real. Die ersten Kilometer ist es kühl, das Tal liegt noch im Schatten, aber das soll sich bald ändern, schon nach einer Stunde ist mir richtig warm, der erste Anstieg ist in vollem Gange und nimmt kein Ende. Dafür fahren auf diesem Highway deutlich weniger Autos, denn in Mugling ist der Highway nach Indien abgebogen. Gegen Mittag ist es dann beinahe unerträglich heiß, die Trinkpausen folgen immer dichter aufeinander, die letzten zwei Stunden zwischen 13 und 15 Uhr sind die reine Qual, langsam aber gleichmäßig geht es bergauf, aus dem Tal ist inzwischen eine weite Ebene geworden und Schatten gibt es nicht mehr. Ich zähle jeden Kilometer, bei Kilometer 90 reicht es mir langsam, ich möchte nur noch ankommen, aber es liegen noch zehn Kilometer vor mir, die heißesten der ganzen Tour. Der Verkehr wird immer dichter, Lärm und Staub nehmen auch ständig zu. Ich komme von Osten und möchte mir eine Herberge im Westen der Stadt suchen, am Fewa See, also muss ich einmal quer durch die Stadt und Pokhara ist die zweitgrößte Stadt Nepals.

Um 15 Uhr habe ich es geschafft, nach hundert Kilometern biege ich in die Uferstraße am Fewa See ein und bin schockiert, Touristen dicht an dicht, als wenn sich an diesem Nachmittag alle Touristen aus ganz Nepal hier versammelt hätten, mein erster Gedanke ist Flucht, mein zweiter, noch einen Kilometer fahre ich heute nicht mehr. Ich weiß, wenn ich nach rechts abbiege, dann ist bald der Ortsrand erreicht und erfahrungsgemäß nimmt dann auch die Touristendichte ab, genau so ist es, schon nach dreihundert Metern wird es deutlich ruhiger. Sicherheitshalber suche ich mir ein Hotel in der zweiten Reihe, etwas vom See entfernt, die Wahl ist perfekt, Ruhe umfängt mich. Noch im Stehen trinke ich die erste Cola, erst dann lasse ich mich zum Zimmer führen, es ist komfortabel und sauber, mit einer funktionierenden warmen Dusche. Super! Dass ich den See von meinem Zimmer aus nur am Horizont sehen kann, tut der Sache keinen Abbruch, denn hier werde ich eh nur zur Nachtruhe sein. Ich habe Hunger und Durst. Auch wenn das Hotel-Restaurant einen eher schäbigen Eindruck macht, ich lasse mich dort unter einem Sonnenschirm im Hof nieder. Das Essen ist besser als erwartet, die Getränke sind kalt, was will ich mehr.

Gestärkt, aber mit immer noch müden Beinen, schlendere ich zum Seeufer, es ist noch schöner als ich es mir vorgestellt habe, jetzt weiß ich, dass sich der Weg nach Pokhara gelohnt hat. Ich gehe wieder zur Hauptstraße zurück und folge ihr in Richtung Norden, zum Ortsende. Die Restaurants direkt an der Straße sind vollbesetzt, aber je näher ich dem Ortsende komme, umso weniger Touristen sind unterwegs. Ich entdecke die Reklametafel "Pizzeria, Cafe, Roof Top Restaurant Guru Lotus" , eine Treppe führt nach oben in den ersten Stock, das Roof Top Restaurant öffnet sich, ein Blick auf den See, wie aus dem Bilderbuch, ich bin hin und weg, es soll mein Stammlokal für die nächsten Abende werden. Das Roof Top Restaurant ist überdacht und zur Seeseite ist ein umlaufendes Brett an der Balustrade befestigt, als Tisch, davor stehen die Stühle, so hat jeder Gast den perfekten Seeblick. Ich bin der einzige Gast, es ist ja auch erst 17 Uhr, etwas später kommt noch ein Einheimischer, der sein Mac Book aufklappt und an einem Text arbeitet. Ich bestelle einen Tee und schaue, lasse dieses Bild auf mich wirken, es ist als säße man direkt in einem Gemälde, die Sonne geht hinter den Bergen unter, das Licht schwindet ganz langsam, die Stimmung wird immer zauberhafter, schließlich werden auch noch Kerzen aufgestellt. Als meine Vorsuppe kommt, eine köstliche Gemüsesuppe, ist es schon fast dunkel, dann kommt die Pizza, auch sie vorzüglich, dazu ein Everest Bier, ich bin rundum zufrieden.

Am nächsten Morgen ist das Wetter so wie ich es mir erträumt habe, tiefblauer Himmel und Sonnenschein. Ich schlendere am Seeufer entlang, im Norden sehe ich jetzt zum ersten Mal die schneebedeckten 8000er, glasklar über dem See, da habe ich jetzt zwei Wochen drauf gewartet, es ist traumhaft. Ich beschließe zu dem Friedensstupa auf dem Hügel südlich des Sees zu gehen, das müsste in einer Stunde zu machen sein, eine Karte hab ich und mit etwas Spürsinn werde ich auch den richtigen Weg finden. Nach einer halben Stunde begehe ich einen fundamentalen Fehler. Der Karte gemäß müsste ich immer am Waldrand entlang, bis ich auf die Straße zum Stupa treffe und dann noch etwa einen Kilometer die Straße bergauf gehen, doch dort am Waldrand treffe ich einen Jungen, so etwa 10 Jahre alt, der mir eine Abkürzung durch den Wald zeigen will, natürlich gegen ein kleines Trinkgeld. Ich nehme das Angebot an und wir stapfen bergan durch den Wald. Neben den üblichen Fragen, wie ich heiße, wo ich herkomme und so fort, erzählt er mir auch, dass in diesem Wald Räuber seien, ich lache und sage, das könne er seiner Großmutter erzählen, hier wären bestimmt keine Räuber und Angst machen ließe ich mir auch nicht. Nun, der Wald ist schon dicht und unübersichtlich, und alle reden hier immer gleich von Dschungel, aber die Räubergeschichte halte ich schlicht für eine Geschichte, bis plötzlich eine vollkommen aufgelöste Frau vor mir steht, zwei kleine einheimische Jungs in ihrer Begleitung. Sie sei gerade ausgeraubt worden, drei Halbwüchsige, so zwischen 15 und 20 Jahre alt, hätten plötzlich mit einem Messer vor ihr gestanden und ihr alle Wertgegenstände abgenommen, Handy, Fotogerät, Bargeld, Kreditkarte und.. und.. und.. Ich muss gestehen, jetzt habe ich wirklich Angst. Zusammen treten wir den Rückweg an, in meinem Kopf rattert es, was tue ich, wenn sie gleich hinter uns auftauchen, ist zwar unwahrscheinlich, aber wer weiß wie viele Räuber hier noch unterwegs sind. Außer den Starken spielen und wütend auf sie losgehen fällt mir nichts ein, im Gehen krame ich mein Taschenmesser aus dem Rucksack, alle fünf Meter sehe ich mich um. Der Zustand der beraubten jungen Frau ist jämmerlich, sie zittert, redet ziemlich durcheinander und ist nicht gerade trittsicher, ich nehme sie an die Hand, sonst würden wir ewig brauchen bis wir aus dem Wald sind. Zwanzig Minuten später, ich bin echt erleichtert, erreichen wir den Weg am Waldrand, geschafft, die Gefahr ist vorbei, allen Touristen die wir treffen, erzählen wir natürlich die Räubergeschichte. Zusammen gehen wir nun bis in den Ort, erst in ein Internetcafe, um Handy und Kreditkarte zu sperren, dann zur Polizei, hier liefere ich die junge Frau ab und gehe allein weiter.

Es ist Mittagszeit. Auf dem Hinweg hatte ich schon ein Restaurant mit einem zauberhaften Garten gesehen, hier möchte ich etwas essen und mich von dem Schock erholen. Ich sehe das Restaurant schon, als ich von hinten angesprochen werde, ob ich denn keine Angst um meinen Fotoapparat hätte, den ich locker in der Hand halte. Ich staune und erzähle, dass ich jetzt schon zwei Wochen in Nepal bin und noch nie Sorge hatte, dass mir etwas gestohlen wird. Natürlich erzähle ich dann auch die Räubergeschichte, die läuft bei mir aber außer Konkurrenz unter dem Titel eigene Dummheit. Es stellt sich heraus, dass das Ehepaar zu demselben Restaurant unterwegs ist wie ich, die beiden wohnen im dazugehörigen Hotel.   "The Rose Garden" heißt das Restaurant, der Garten ist noch zauberhafter als ich es mir gedacht hatte, im Schatten sitzt man hier, nur zehn Meter von der Straße entfernt, wie in einer anderen Welt. Hotel und Restaurant sind eine Koproduktion   Holland-Nepal, ich staune schon wieder, denn in Kathmandu hatte ich zeitweise das Gefühl, als wäre ich nur von holländischen Touristen umgeben, dieses Hotel ist komplett in holländischer Hand.

Inzwischen ist es Nachmittag geworden, vom Rose Garden schlendere ich weiter in Richtung See, heiß ist es und ich lasse mich im Schatten von Bäumen direkt am Seeufer nieder, in "Mikes Restaurant". Ich sitze kaum zehn Minuten, da erklingt aus der Musikanlage ein Wiener Walzer, "An der schönen blauen Donau", mein Lieblingswalzer, da er in "2001 Odyssee im Weltraum" zu der langsam kreisenden Raumstation gespielt wird, eine göttliche Szene. Ebenso göttlich kommt mir dieser Ort vor, meine Gefühle schwanken zwischen Kitsch und Erhabenheit, ich entscheide mich für Erhabenheit und werde mich in den nächsten Tagen regelmäßig zum Nachmittagstee hier einfinden. An jedem Nachmittag wird hier klassische Musik gespielt, mal ein Streichquartett von Mozart, mal Chopin und so fort. Pokhara und der See wachsen mir immer mehr ans Herz, zum ersten Mal auf all meinen Reisen beschleicht mich das Gefühl, hier könnte ich für immer bleiben. Zu meinem größten Erstaunen treffe ich in den nächsten Tagen eine Handvoll Amerikaner, Australier und Europäer, die tatsächlich hier geblieben sind und ein Hotel oder einen Laden betreiben, alle Achtung, denn es ist ein Sprung in eine komplett andere Kultur, die Schönheit des Ortes ist ja nur ein Punkt bei einer solchen Entscheidung. Während ich noch meinen Gedanken nachhänge, bestaune ich eine weitere Spezialität von Pokhara, es sind die Paraglider, die wie die Adler am Berghang von Sarangkot kreisen, schwere und zeitlos gleiten sie dahin, Stunde um Stunde, Zeit und Raum sind aufgehoben. Da ich leicht zu begeistern bin, prüfe ich auf dem Weg zu meinem Hotel gleich die Möglichkeiten für einen Tandem Flug, alles kein Problem, eine halbe Stunde 70 Euro eine Stunde 100 Euro, natürlich kann man auch einen Kurs buchen, nach vier Tagen geht dann der erste Alleinflug. Ich bleibe aber auf der Erde und plane für den nächsten Tag eine kleine Tour mit dem Rad auf den Sarangkot, sind ja nur 800 Höhenmeter und von oben soll man nicht nur einen traumhaften Blick auf Pokhara sondern auch auf die 8000er im Norden haben.

Sarangkot

Noch ist es nicht wirklich warm, aber die Sonne scheint von einem makellos blauen Himmel, gegen 7 Uhr sitze ich auf dem Rad und fahre ganz entspannt los, ohne Frühstück, denn in zwei Stunden gedenke ich oben zu sein, dann ist die Luft noch klar, der Blick auf die 8000er ungetrübt und das Frühstück wird dort oben doppelt gut schmecken. Unterwegs beobachte ich das

Leben am Straßenrand, Kinder die Fußball spielen, Erwachsene beim Tennisspiel, komme am lauten Busbahnhof vorbei und nach fünf Kilometern durch die Stadt, biegt die Straße zum Sarangkot links ab, klein, aber perfekt geteert und kaum Autoverkehr. Super denke ich, aber nach fünfhundert Metern kommt das böse Erwachen, die Steigung der Straße nimmt brutal zu, 15% und mehr, auch im kleinsten Gang habe ich zu kämpfen, ganze Abschnitte fahre ich in den Pedalen stehend. Zum Glück muss ich hin und wieder für ein Foto anhalten, dass beschert mir jeweils eine fünf Minuten Pause, die ersten vier Minuten brauche ich, damit das Zittern der Arme nachlässt und eine Minute habe ich dann für das Foto.

Ich komme an einem der Startplätze der Paraglider vorbei, es ist unglaublich, wie mühelos der Start abläuft, der Schirm ausgebreitet auf der Wiese, davor der Mensch, die Leinen straff gezogen, und dann, ein paar Schritte, bergab in den Wind, und los geht's, der Schirm spannt sich sofort und das schwerelose Gleiten beginnt, die Adler können es kaum besser. Mein Wunsch, es auch zu probieren wird immer größer, aber der Trubel der damit verbunden ist, dauernd werden neue Flieger in Allradautos hochgefahren und am Startplatz steht man in der Schlange, das schreckt mich dann doch ab. Zu allem Überdruss fällt mein Fahrrad um während ich fotografiere und ein Pedal schlägt mir das Schienbein auf, es blutet heftig und natürlich habe ich weder Pflaster noch Verbandszeug dabei, liegt im Hotel, für solch einen Kurzausflug braucht man es ja nicht. Das dreckige Taschentuch aus meiner Trikotasche muss als Notverband herhalten, einen Moment denke ich daran umzukehren, aber bis zum Gipfel kann es nur noch eine halbe Stunde sein. Es wird eine Stunde dauern, da ich häufig schieben muss, so schlecht ist der Weg jetzt, die Teerstraße hat sich schon lange verabschiedet. Nach vier Stunden bin ich dann oben, erschöpft und hungrig, aber glücklich.

Ein kleines Restaurant empfängt mich, nur ein Tisch ist mit drei jungen Leuten besetzt, es tut gut zu sitzen, zu schauen und natürlich auch zu essen und zu trinken. Zwei Stunden bleibe ich hier oben, der Blick ist in jede Richtung atemberaubend, Pokhara und der See liegen tief unter mir und zwischen Himmel und See schweben die Paraglider, dutzende sind jetzt unterwegs im Hangaufwind, schwerelos ziehen sie ihre Bahnen. Auf der anderen Seite die 8000er, dominiert von der Annapurna und dem Macchapuchare, dem "Fishtail Mountain". Zum anfassen nah erscheinen diese schneebedeckten Berge, mein Verlangen, ihnen noch näher zu kommen wird immer größer, aber in Anbetracht meiner Wunde quält mich natürlich die Sorge, ob das ohne große Entzündung abgeht und wie schnell sie halbwegs verheilt sein wird. Ich beschließe, drei oder vier Tage in Pokhara zu bleiben. Bergab geht es natürlich schneller, die Bremsen laufen zwar heiß und die Finger verkrampfen langsam, aber um 15 Uhr bin ich wieder in der Stadt. Die Wunde schmerzt beim Duschen und fängt wieder heftig an zu bluten, aber jetzt habe ich ja ein Pflaster zur Hand. Ich lege das Bein hoch und bleibe eine Stunde auf dem Balkon vor meinem Zimmer sitzen, lese und grübele.

Zum Nachmittagstee am Seeufer humpel ich, die Wunde schmerzt zwar nicht sonderlich, sie soll aber auch nicht immer wieder aufbrechen. Unterwegs kaufe ich nicht nur eine genaue Karte der Annapurna Region sondern auch ein deutschsprachiges Buch "Siddhartha" von Hermann Hesse. Jede Buchhandlung in Pokhara bietet meterweise Bücher in allen Sprachen der Welt an, so auch in Deutsch, die Bücher sind gebraucht, aber günstig. Auch eine luftige Leinenhose und ein T-Shirt müssen her, denn ich habe ja kaum Sommerkleidung bei mir. In Mikes Restaurant sitze ich dann im Schatten bei einem Tee und studiere die Karten. Ich muss feststellen, Trekking Routen gibt es wie Sand am Meer an der Annapurna, geführte Touren werden an jeder Straßenecke in Pokhara angeboten, kurze und lange, leichte und schwere, aber mit dem Fahrrad wird es schon enger. Offensichtlich gibt es nur eine Straße von Pokhara nach Baglung und von dort dann in die Berge über Tatopani, und Jomsom nach Muktinath in knapp viertausend Meter Höhe. Ab Baglung ist die Straße als "Gravelroad Jeepable" klassifiziert, was auch immer das heißen mag, wirklich gut wird sie wohl nicht befahrbar sein. Zufällig höre ich am Nachbartisch zwei junge Männer von ihrer Tour mit Bus und Jeep nach Muktinath erzählen, ich frage natürlich sofort nach. Ja, die Straße sei schon befahrbar, die Qualität sehr unterschiedlich, bis Jomsom würden Busse fahren und ab dort nur noch Jeeps, Radfahrer hätten sie keine gesehen, aber wo ein Bus fahren kann, müsste es ja auch mit einem Fahrrad gehen, später werde ich noch häufig an ihre Worte denken, aber jetzt und hier sehe ich der Sache ganz entspannt entgegen.

In die Berge

Noch einen Tag verbringe ich in Pokhara, schlendere am Seeufer entlang und durch den Ort, fotografiere und genieße einfach das immer noch sommerliche Wetter, und das Mitte Oktober. Wieder mal ist Festivalzeit, in dieser Zeit geht fast nichts, alle öffentlichen Einrichtungen haben geschlossen, überall wird gespielt und getanzt, ich benötige aber noch ein Permit für die Annapurna Region. Mein Hotelchef zieht die Stirn in Falten, aber er wird das Permit besorgen, ein kleines Trinkgeld hilft auch hier, am Abend halte ich es in Händen. Für zwanzig Euro Gebühr darf ich mich jetzt dreißig Tage in der Annapurna Region bewegen. Das Permit gilt aber nur für den Bereich bis Kagbeni und Muktinath, wer weiter nach Norden möchte, in die Region Upper Mustang, zahlt pro Woche 300 Dollar. Was ich jetzt noch nicht weiß, das Permit wird tatsächlich in den Bergen kontrolliert.

Während ich durch die Straßen spaziere, fällt mir auf, dass überall Gruppen von Kindern unterwegs sind, singend und tanzend und insbesondere bei Geschäften und Restaurants anhaltend, in der Hoffnung auf eine kleine Geldspende, fast wie in Norddeutschland das Rummelpottlaufen zu Silvester, eine schöne Sitte denke ich.

Pokhara – Baglung   75 km Teerstraße
Baglung – Muktinath 150 km Schotterpiste

Am nächsten Morgen geht es los, die Sonne scheint und in aller Ruhe fahre ich aus der Stadt hinaus, vorbei am Abzweig zum Sarangkot geht es und dann nach Westen dem Flusstal folgend. Fast mühelos gleite ich dahin, heute liegen auch nur die 75 Kilometer bis Baglung vor mir. Ich weiß zwar, dass ich über einen kleinen Berg muss, hatte mir aber vorher die Karte wohl nur sehr oberflächlich angesehen, da die echten Berge erst nach Baglung anstehen. So bin ich ziemlich verblüfft, als die Straße beim Verlassen des Flusstals heftig ansteigt, um die 10%, manchmal auch mehr. Rund zwei Stunden kämpfe ich mich jetzt im kleinsten Gang den Berg hoch, aber es kommt noch schlimmer, es ist Festivalzeit, und diese schöne "Rummelpottsitte" aus Pokhara zeigt sich hier in Form von Straßensperren. Vor jedem Dorf und nach jedem Dorf lauern in Abständen von ein paar hundert Metern Gruppen von Kindern, die mitten auf der Straße tanzen und singen und dann natürlich die Hand aufhalten für eine Spende. Autos und Busse hupen in aller Regel und fahren einfach weiter, die Kinder springen dann zur Seite. Ein Radfahrer am Berg, mit einer Geschwindigkeit von 10 km/h, ist da natürlich ein willkommenes Opfer. Bereitwillig ziehe ich bei der ersten Gruppe einen meiner fünf Rupie Scheine aus der Trikottasche, das ist mein Geldvorrat für die eine oder andere Cola auf dem Weg. Nach dem ersten Dorf habe ich fünf Sperren hinter mir und mein Kleingeld ist am Ende, ich beschließe, es wie die Autofahrer zu machen, schimpfen statt hupen und weiterfahren, ist allerdings leichter gesagt als getan, denn ein langsamer Radfahrer lässt sich halt leicht stoppen. So muss ich manchmal bei einem Zwangsstopp noch lauter schimpfen und komme dann irgendwie weiter. Als ich die Passhöhe erreiche, weiß ich nicht, ob ich mehr von der anstrengenden Trampelei oder von den anstrengenden Kindern vollkommen fertig bin, für die fällige Cola muss ich neues Geld aus meinem Rucksack kramen.

Der Lohn der Anstrengung ist der Blick auf Pokhara und den See. Eingebettet in die liebliche Landschaft liegen Ort und See weit unter mir. Schnell habe ich alle Anstrengungen vergessen, ich rolle bergab, bis Baglung soll es mehr oder weniger so bleiben, für einen Moment habe ich sogar die Festival Kinder vergessen, aber beim nächsten Ort holt mich die Realität wieder ein. Doch jetzt sehe ich mich in einer stärkeren Position, bergab bin ich fast so schnell wie ein Auto und so verhalte ich mich auch, ungebremst fahre ich auf die Kindergruppe zu, das Hupen ersetze ich durch lautes Schimpfen, und es wirkt, die Kinder springen im letzten Moment zur Seite, perfekt. Mindestens zehn solcher Festival Gruppen passiere ich auf diese Art, aber dann treffe ich auf eine Gruppe männlicher Halbwüchsiger. Wie inzwischen erprobt, fahre ich laut schreiend mit rund 30 km/h auf die Gruppe zu, aber, statt in letzter Sekunde zur Seite zu springen, bleiben die Jungs eisenhart stehen, für jedes Bremsmanöver ist es zu spät, von allen Seiten werden mein Fahrrad und ich ergriffen und rabiat gestoppt, es hätte nicht viel gefehlt und es wäre zu einem Sturz gekommen. Mit reichlich Glück komme ich mit den Füßen auf die Straße, ohne zu Boden zu gehen, ich bin ziemlich sauer und brülle die Jungs an, aber vollkommen ohne Erfolg. Von allen Seiten wird an mir und meinem Gepäck gezerrt, die Lage erscheint mir eher aussichtslos, aber jetzt Geld aus meinem Rucksack zu kramen, das scheint mir nur eine weitere Eskalationsstufe loszutreten, Ende unbekannt. Ich habe Angst, ich bin sauer, meine Nerven liegen blank, ich wechsele die Sprache, brülle jetzt einfach in Deutsch weiter, dass ich die Nase voll habe und sie mich endlich loslassen sollen und dann tue ich etwas, das ich für mich, bis zu diesem Augenblick, ausgeschlossen hatte, ich verpasse einem der Jugendlichen eine Ohrfeige, gebremst, ich habe noch nie in meinem Leben einen Menschen geschlagen. Die Kidis sind zwar verblüfft, aber an loslassen ist immer noch nicht zu denken, ich brülle, wieder in Deutsch, dass ich jetzt ungebremst zuschlage und tue es, der Junge heult auf, muss richtig schmerzhaft gewesen sein, aber, ich habe es geschafft, ich werde losgelassen, springe auf mein Rad, bergab ist schnell eine größere Distanz zu der tobenden Gruppe aufgebaut. Mein Puls bewegt sich am Rande des Limits, mein Adrenalinspiegel ist am Limit, so fliege ich die nächsten 10 Kilometer dahin, der schnellste Abschnitt meiner ganzen Reise.

Auf den letzten Kilometern vor Baglung wird das Tal immer weiter und lieblicher, entspannt rolle ich über den Asphalt, doch wieder mal habe ich mir die Karte nicht genau genug angesehen. Baglung liegt auf einem Bergrücken, so muss ich auf den letzten fünf Kilometern nochmals 200 Höhenmeter hinter mich bringen, aber dann habe ich es für heute geschafft, nach 75 Kilometern und 6 Stunden bin ich in Baglung. Schnell ist ein Hotel gefunden und ebenso schnell stelle ich fest, ich bin der einzige Tourist in ganz Baglung. Überhaupt scheinen sich hier selten Touristen hin zu verirren. Langsam wird mir auch klar warum, kurz bevor die Straße kräftig ansteigt, geht es nach rechts in das Tal von Jomsom, und da alle Touristen mit Jeeps oder Bussen unterwegs sind, fahren die alle noch die nächsten 15 Kilometer bis Beni weiter. Nun, so habe ich das Vergnügen eine touristenfreie Stadt zu erleben, ganz ohne Souvenir Shops. Geschäfte für Bekleidung und Schuhe sind hier genauso häufig wie in jeder Stadt in Deutschland, nur die Zahl der kleineren Geschäfte ist viel höher als bei uns. Es gibt Getränke, Handykarten, Naschereien, Fleisch und tausend Dinge mehr, in unendlich vielen kleinen Läden. Die Kundenfrequenz ist natürlich extrem niedrig, aber damit muss man einfach leben, denn ohne den eigenen Laden hätte man überhaupt kein Einkommen. Auch in Baglung ist Festival Zeit, aber hier ist man schüchtern gegenüber dem Touristen, Gruppen Erwachsener ziehen durch die Stadt, singen und tanzen und diskutieren ob sie von mir eine Spende fordern sollen, trauen sich aber nicht. Kindergruppen die umherziehen, sehen mich überhaupt nicht als Zielobjekt, sie freuen sich, wenn ich ein Foto mache, immer wieder habe ich im Handumdrehen zehn, zwölf Kinder um ich, die ganz wild auf ein Foto sind, so macht das Festival auch mir Spaß. Großmütter, die mit ihren Enkeln vor der Tür sitzen, präsentieren mir stolz ihr Enkelkind und bitten um ein Foto. Am Abend sitze ich auf der Dachterrasse meines Hotels "New Era", bestelle mit einiger Mühe eine Nudelsuppe und ein Bier, der Wirt spricht praktisch kein Wort Englisch, und genieße den Blick auf die Stadt, dass ich der einzige Gast bin, halte ich schon für normal.

Tiplyang

Beim Frühstück auf der Dachterrasse in Baglung kann ich in der Ferne die ersten 8000er sehen, Schönwetterwolken am blauen Himmel, die Luft noch frisch, ein perfekter Morgen. Um 8 Uhr sitze ich auf dem Rad, erst geht es bergab, ich friere, aber es sind ja nur fünf Kilometer bis zum Abzweig ins Jomsom Tal, und ab da wird es nur bergauf gehen, immer am Kali Gandaki entlang. Selbst in der Trockenzeit ist es kein Bach, sondern ein ausgewachsener Fluss, wie mag der erst in der Regenzeit oder zur Zeit der Schneeschmelze aussehen. Die ersten Kilometer bis Beni ist die Straße relativ gut, kein Teer, aber gut befestigt und glatt, die Autodichte ist in der Gegend von Null, so etwa alle halbe Stunde fährt ein Auto an mir vorbei. Inzwischen ist mir auch warm, das Tal ist weit und grün, die Sonne scheint vom makellosen Himmel. In Beni wechselt die Straße auf die andere Flussseite, jetzt tobt der Fluss zu meiner Rechten abwärts. In Galeshwar, mehr als 15 km bin ich noch nicht gefahren, thront das "River Side Hotel" verlockend auf einer Felsnase, 30 Meter über dem Fluss, aber es ist viel zu früh ein Nachtquartier zu nehmen. Ich hatte mir überlegt, dass ich jeden Tag so um die 30 Kilometer schaffen könnte und so nach einer Woche in Muktinath anlanden könnte, also, Schönheit hin oder her, ich lasse das Hotel rechts liegen.

Das Tal wird nun enger, links und rechts steigen die Felsen steil empor, mindestens 3000 Meter, ich selbst befinde mich etwa auf 1000 Meter Höhe. Schmerzhaft muss ich feststellen, dass mein GPS Fahrradcomputer kein Signal mehr empfängt. Wenn er aber genügend Satteliten "sehen" kann, ist es eine reine Wundermaschine, neben Geschwindigkeit und Distanz, zeigt er auch die geographische Position, inklusive der Höhe an, und als Zugabe kann man ihn als Datenlogger einsetzen, dann werden, frei wählbar, jede Minute oder alle hundert Meter, sämtliche Daten gespeichert. Zu Hause lassen die sich auf den PC überspielen und mit Google Earth die gefahrene Route ansehen, ebenso die Geschwindigkeits- und Höhenprofile, einfach genial, aber in einen solchen Tal unbrauchbar.

Weitsichtigerweise habe ich einen zweiten, altmodischen Radcomputer zusätzlich montiert, mit Kabel und Radsensor, so bekomme ich zumindest die Information über die zurückgelegte Strecke und meine Geschwindigkeit. Später lese ich nach, dass der Kali Gandaki die tiefste Schlucht der Erde gebildet hat, vom Talgrund bis zum Gipfel des Dhauligeri zur Linken und der Annapurna zur Rechten, sind es fast 6000 Meter. Lange bevor es den Himalaya gegeben hat, hat es schon den Kali Gandaki gegeben und mit der Auffaltung der 8000er vor 50 Millionen Jahren, hat er sich langsam aber sicher sein Tal gegraben. Die Straße ist immer noch relativ gut, hin und wieder überquert ein kleiner Bach die Straße, hin und wieder fühlt sich der Straßenbelag an wie Mehl, als wenn hier ein paar LKW Ladungen graues Mehl abgeladen worden wären, da ist mit dem Radfahren natürlich Schluss, schieben werde ich später noch einige Male. Kurz vor einer Siedlung ist sogar ein ganzer Bus in dem "Mehl" stecken geblieben. Nach gut sechs Stunden bin ich in Tiplyang, ein kleines Straßendorf in 1000 Meter Höhe, meine Karte hatte mir schon offenbart, dass es auch hier mindestens ein Hotel oder eine Lodge geben muss, es gibt fünf. Eine hat es mir sofort angetan, die "Blue Star Lodge", mitten im Dorf am rechten Straßenrand, unter einem kleinen Dach ein schattiger Sitzplatz und daneben das Schlafhaus mit einem wunderschönen Holzbalkon vor den Zimmern. Es ist inzwischen Nachmittag, heiß ist es, gut 30 Kilometer sind gefahren, besser kann es nicht passen. Die Wirtsleute sind nett, das Zimmer sauber, nur die Dusche funktioniert nicht, aber wer will schon duschen wenn die Welt wunderbar ist.

Ich setze mich unter das Schatten spendende Dach, und staune, es gibt eine Speisekarte in englischer Sprache, mir wird schlagartig bewusst, ich befinde mich auf einem Teilstück des "Round Annapurna Treks", dann staune ich nochmals, denn ich bin der einzige Gast und so   bleibt es auch. Später lerne ich, dass alle Trekkingveranstalter bestimmte Übernachtungsorte bevorzugen, so z.B. das nur fünf Kilometer weiter gelegene Tatopani, denn dort gibt es nicht nur ein Dutzend Lodges, mit mehr Komfort, wie z.B. einer funktionierenden Dusche, sondern auch die "Heißen Quellen von Tatopani". Ein Touri-Highlight schlechthin, mit extra angelegten Badebecken, damit der Tourist möglichst komfortabel das warme Wasser genießen kann. Nun, ohne Dusche und Badebecken sitze ich hier, aber vollkommen ungestört, bestelle Cola, Mineralwasser und ein Nudelgericht und genieße den Nachmittag. Nach wenigen Minuten bin ich nicht nur von den beiden Kindern der Wirtsleute umringt, sonder auch von zwei Jugendlichen aus dem Dorf, die schon bei der Ankunft mein Fahrrad bestaunt haben. Es ist verblüffend, wie neugierig sie sind, das Rad muss rundum befühlt werden, Reifen und Bremsen haben es ihnen besonders angetan, und meine Landkarte übt eine geradezu magnetische Wirkung auf sie aus. So zwischen 12 und 14 Jahren wird ihr Alter liegen, die Karte studieren sie ausgiebig, dass sie dabei oben und unten überhaupt nicht einordnen können, zeigt mir, so häufig hatten sie noch keine Karte in der Hand. Ich hoffe, dass sie zumindest lesen und schreiben können, denn eine Schule gibt es im Ort.

Und dann die Kinder der Wirtsfamilie, ein kleiner Junge, etwa vier Jahre alt und ein Mädchen, vielleicht sechs Jahre alt. Wanderer haben sie viele gesehen, aber immer in Gruppen und nur für eine Mittagspause, aber ein "Marsmännchen" wie mich, in voller Fahrradverkleidung, ganz allein, dass hatten sie wohl noch nie, und, dass dieser Typ auch noch auf sie eingeht, mangels Sprachkenntnissen auf beiden Seiten absolut nonverbal, dass haben sie auch noch nicht erlebt. Sie kleben förmlich an mir, zeigen mir Kunststücke mit leeren Plastikflaschen und meinem Zimmerschlüssel, die Eltern versuchen sie immer wieder wegzuholen, aber das geht nicht, erst als es dunkel wird, und die Kinder zu Bett müssen, können sie sich mühsam von mir trennen. Ich muss an meine Kinder denken, als sie so klein waren, es ist schon toll, wie über alle Kulturen hinweg Kinder und Erwachsene so schnell einen intensiven Kontakt finden können. Am nächsten Morgen heulen zwei Menschen um die Wette, das kleine Mädchen und ich, offensichtlich hatte sie angenommen, dass ich länger hier bleibe, sie klammert sich an mein Bein und will mich festhalten, ich streichele ihr über den Kopf und rede beruhigend auf sie ein, wohl wissend, dass nur der Klang meiner Worte wichtig ist. Es hilft alles nicht, nach zehn Minuten, inzwischen laufen uns beiden die Tränen über die Wangen, muss der Vater das Kind mit sanfter Gewalt von meinem Bein entfernen, heulend und winkend fahre ich los, bis heute geht mir diese Szene nicht aus dem Kopf.

Ghasa

Auf den ersten Kilometern ist die Straße super, glatt, kaum Steigung, was will man mehr, doch dann kommt der Anstieg, heute liegen 1000 Höhenmeter vor mir, denn Ghasa liegt in 2000 Meter Höhe. Wäre es nur der Anstieg, ich würde zwar nicht lachen, ihn aber mit Fassung hinnehmen, nur, zusätzlich wird die Straße extrem schlecht, grober Schotter und immer wieder kleine Bäche, die die Straße überqueren. Schieben ist jetzt häufiger angesagt, der Schweiß rinnt in Bächen am Körper hinunter, hoffentlich gibt es heute eine Dusche, warm wäre traumhaft. Nach fünf Stunden und 30 Kilometern bin ich in Ghasa, es ist zwar erst 14 Uhr, aber der Ort und insbesondere das "Eagle Nest Guest House" gleich am Ortseingang rechts, wirken sehr einladend. Ich zögere nicht lange, die Komfortzimmer sind zwar alle belegt, wie ich etwas später lerne, durch eine Trekkinggruppe, aber es gibt noch ein einfaches Zimmer im Nebengebäude, mit Dusche und Toilette auf dem Hof. Super, das Zimmer ist einfach aber gut und die Dusche im Hof gibt warmes Wasser her, was will ich mehr. Ich fühle mich wie neu geboren, gönne mir eine Suppe und eine Cola und sitze entspannt im Innenhof in der Sonne.

Nach einer Stunde wimmelt es plötzlich von Menschen, erst kommen die Träger, dann die Wandergruppe, rund ein Dutzend Touristen mit mindestens ebenso vielen Trägern und Guides, am liebsten würde ich weglaufen, diesmal hab ich unvorsichtigerweise eine der Haupt-Touri-Herbergen ausgewählt. Ich bewahre die Ruhe, schaue mir die Leute an, sie sind mit dem Jeep aus Jomsom gekommen und sehen vollkommen fertig aus. Wenn der Weg nach Jomsom ähnlich schlecht ist wie meiner,

71

heute von Tiplyang nach Ghasa, dann muss eine Fahrt in einem Jeep die reine Qual sein. Es stellt sich heraus, dass es eine deutsche Gruppe ist, die natürlich "Round Annapurna" gemacht hat und nun auf dem Rückweg drei Wanderetappen durch eine Jeep Etappe ersetzt hat, welch ein Wahnsinn, insbesondere, wie ich in den nächsten Tagen sehen werde, drei wunderschöne Etappen, aber so sind die Menschen aus Europa, Zeit haben sie nie.

Noch scheint die Sonne, ich starte zu einem Rundgang durch Ghasa, ein typisches Straßendorf, wie immer in diesem Tal, durch den Fluss und die Berge gibt es auch keine andere Wahl. Die heutige Straße, sie ist erst wenige Jahre alt, führt um das Dorf herum. Durch das Dorf zieht sich, mit großen Steinplatten belegt, die alte Dorfstraße, nur für Fußgänger und Maultiere geeignet. Nach wenigen hundert Metern treffe ich auf den Kontrollposten für das Permit, hätte nicht gedacht, dass es überhaupt kontrolliert wird. Heute darf ich so weitergehen, da ich ja kein Gepäck bei mir habe, glaubt mir der Posten, dass ich im Eagle Nest wohne. Der freundliche Mann klärt mich auch auf, warum mein Handy hier nicht funktioniert, es liegt nicht an den fehlenden Funkmasten, nein, meine "Mero Sim Card" funktioniert nur im städtischen Bereich, in diesem Tal hilft nur eine staatliche Karte, die hat hier auch jeder, und jede Lodge und jedes Restaurant bietet natürlich einen Telefonservice an. Ich spaziere weiter durch das Dorf, viele Häuser stehen leer, sehr archaische Häuser, mit Leitern aus behauenen Baumstämmen und Flachdächern auf denen Mais getrocknet wird. Wunderschön geschnitzte Holzfenster gibt es zu bewundern und auf Mikro-Feldern wird mit einem Ochsen und einem Holzpflug die Erde bearbeitet, alte Frauen sitzen vor ihrem Haus und bessern Kleidungsstücke aus, Hunde liegen mitten auf dem Dorfweg und dösen vor sich hin, Hühner holen sich ihren Anteil der zum trocknen ausliegenden Maiskörner und Kinder bestaunen mich und bitten um ein Foto. Gegen 16 Uhr verschwindet die Sonne hinter den Bergen, es wird frisch und ich kehre um.

Mit einer warmen Jacke und einer Tasse Tee sitze ich noch eine Weile im Innenhof des "Eagle Nest" und lese Siddhartha von Hesse. Obwohl ich das Buch vor Jahren schon gelesen habe, kommt es mir vollkommen neu vor, jetzt verstehe ich plötzlich was Siddhartha erlebt. Offensichtlich verändert man sich mit den Jahren und offensichtlich übt die Umgebung in der man liest auch einen starken Einfluss auf die Wahrnehmung aus. Es ist wie mit dem Glas Wein, das man an einem milden Sommerabend in Italien trinkt, der gleiche Wein, zu Hause getrunken, schmeckt vollkommen anders. Zum Abendessen, ab 18 Uhr wird es schon richtig dunkel, treffe ich meine Wandergruppe im Speiseraum wieder, es stellt sich heraus, dass sie aus Österreich sind, mit einem komme ich ins Gespräch. Die erste Frage ist, wie immer: "ganz allein sind sie unterwegs, haben sie denn keine Angst?" und die zweite Frage: "für das Fahrrad haben sie doch bestimmt eine dicke Kette dabei, um es sicher abzustellen?" Der gute Mann kann es kaum fassen, dass ich erstens keine Angst habe und zweitens das Fahrrad immer ohne jedes Schloss abstelle, hier, im hinteren Hof des Eagle Nest. Inzwischen setzt das Serviceprogramm für die Gruppe ein, fünf Nepali Guides versorgen 15 Touristen, mein Gesprächspartner muss zurück an seinen Gruppentisch. Erst wird Tee gereicht, dann Nüsse, zum Hauptgang gibt es unter anderem Pommes mit Ketchup, das ist hart an der Schmerzgrenze. Bier gibt es sowieso, wie ich noch lernen werde an jedem Ort, auch der Preis ist recht einheitlich, 2 Euro, als aber noch nach Wein verlangt wird, den gibt es nicht überall, ziehe ich mich auf mein Zimmer zurück. Die Nacht ist sternenklar und kalt, als ich mal pinkeln muss und über den Hofplatz zur Toilette gehe, bin ich fasziniert, einen solchen Sternenhimmel habe ich ewig nicht gesehen, die Milchstraße zum Anfassen, unendlich viele Sterne in allen Farben, wo, außer im Planetarium, sieht man, dass die Sterne ganz unterschiedliche Farben haben, das lässt sich nicht mit Worten beschreiben, das muss man mit eigenen Augen sehen. Trotz der Kälte verharre ich einige Minuten da draußen, mit jeder Minute werden es mehr Sterne, das Auge gewöhnt sich langsam an die Dunkelheit, ich möchte ewig hier stehen bleiben.

Tukuche

Ich bin früh auf den Beinen, da ich auch früh zu Bett gehe, ist das kein Problem, Frühstück um sieben, eine halbe Stunde später bin ich im Sattel. Am Kontrollpunkt wird mein Permit samt Pass tatsächlich geprüft, alle Daten werden handschriftlich in ein großes Buch eingetragen, ich bin beeindruckt. Der Kontrollposten ist von meinem Fahrrad beeindruckt, obwohl er um die dreißig sein dürfte, fragt er, ob er nicht mal eine Probefahrt machen kann, ich lehne freundlich aber bestimmt ab, habe Sorge um mein Rad, soll mich ja noch ein paar Kilometer tragen, aber auch um den Mann, dass er mit dem ungewohnten Gerät zu Fall kommt. Er lichtet mich noch vor der Hinweistafel des Kontrollpunkts ab und wir trennen uns in aller Freundlichkeit.

Sarangkot mit Annapurna

ich zwischen Ghasa und Lete

Was für ein Tag, schon am Ortsausgang sieht man die schneebedeckten 8000er und so bleibt es den ganzen Tag, manchmal komme ich mir vor wie in einer Filmkulisse, hier entsteht das "Helden Foto", einsamer Radfahrer auf Schotterstraße vor majestätischer Bergkulisse. Der Charme des Morgenlichtes lässt sich mit Worten kaum beschreiben, selbst mit Fotos nur erahnen, die Luft ist glasklar, der Himmel tiefblau, die Bergrücken und Felsen zu meiner Linken werden von dem Sonnenlicht fast hyperrealistisch moduliert, so, als hätte man mit Photoshop den Kontrast erhöht, die Felsen zu meiner Rechten, im Schatten, tiefschwarz, aber trotzdem in allen Einzelheiten erkennbar. Jede Digitalkamera ist hier am Ende, diesen Dynamikumfang schafft nur noch das menschliche Auge, es ist wunderbar. Bis nach Lete geht es 500 Höhenmeter stramm bergauf, schieben ist mal wieder angesagt. Doch am Ortsausgang von Lete wartet eine vollkommen unerwartete Belohnung auf mich, ein Guesthouse mit Restaurant und "German Bakery". Es ist zwar erst 12 Uhr, aber hier muss ich anhalten. Unter einem Sonnenschirm im Garten nehme ich Platz, wieder bin ich ganz allein, der Blick schweift über das Hochtal vor mir, breit wird es hier und der Kali Gandaki verliert sich als Rinnsal in dem Kies. Hier in 2500 Meter Höhe wachsen noch Bäume, es ist grün, und über allem die schneebedeckten Berge. Ich bestelle einen Kaffee und die Wirtin bietet mir ihren selbstgebackenen Apfelkuchen an, gedeckt, mit Streuseln, ist es nun einfach genial oder total dekadent, ich entscheide mich für genial. Da ich mich schon für genial entschieden habe, nutze ich auch noch den Telefonservice des Hauses, koste es was es wolle, so kann ich meiner Frau erzählen, dass ich nicht nur lebe, sondern, dass ich sehr gut lebe. Eine ganze Weile sitze ich hier, schaue nur, lasse den Gedanken freien Lauf und genieße Kaffee und Kuchen, nicht viele Momente im Leben sind so perfekt.

Das Aufbrechen fällt mir schwer, dafür ist der Weg nun fast eben und recht gut befahrbar, es ist wie aus dem Bilderbuch. Nach ein paar Kilometern staune ich, aus einem Seitental kommt ein Fluss, die Brücke ist noch im Bau und vor mir versucht grade eine Gruppe Motorradfahrer den Fluss zu überqueren. Diesmal ist es kein Bach, es ist ein Fluss, die Biker schaffen es nicht, ihn einfach zu durchfahren, sie ziehen Schuhe und Strümpfe aus, krempeln die Hosenbeine hoch und schieben ihre Motorräder durch die Fluten. Zu zweit, bis zu den Knien im Wasser, schaffen sie es. Ich zögere nicht lange, Schuhe und Strümpfe aus, die Radhose ist ja eh kurz und ab ins Wasser. Kalt ist es, eisig kalt, und ein Strömungsdruck, der es in sich hat. Das Wasser zerrt an mir und dem Fahrrad, hinfallen wäre jetzt eine Option mit unsicherem Ausgang, einen Meter neben mir stürzt der Fluss in die Tiefe, 200 Meter dürften es sein. Die Kiesel unter meinen Fußsohlen sind glatt, das Gefühl in den Füßen lässt rasend schnell nach, aber es gibt ja die hilfsbereiten Motorradfahrer, sofort eilen mir zwei zu Hilfe und bringen mich ans rettende Ufer. Wie sagte ich ganz zu Anfang, die freundlichsten Menschen der Welt wohnen hier. Zehn Minuten später ist alles vergessen, die Füße sind wieder trocken und warm, es kann weiter gehen. Erst jetzt bemerke ich, fünfzig Meter vor dieser Furt durch den Fluss, gibt es eine Hängebrücke über das Flusstal, für Fußgänger, natürlich auch für Radfahrer geeignet, nur, meine Aufmerksamkeit war so auf die Motorradfahrer gerichtet und die Überlegung, ob ich die Überquerung wohl auch schaffe, ich habe die Brücke einfach nicht wahrgenommen.

Die Landschaft bleibt grandios, immer leuchtet ein Schneeberg über dem grünen weiten Tal. Als ich um eine Felsnase biege, stoße ich fast mit ein paar Radfahrern zusammen. Trekkinggruppen hatte ich ja schon reichlich passiert, und immer wurde ich wie ein Weltwunder abgelichtet, aber Radfahrer, damit hatte ich nicht mehr gerechnet. Das Erstaunen liegt offensichtlich auf beiden Seiten, vier Männer und eine Frau sind mit ihren Mountainbikes unterwegs, alle so zwischen dreißig und vierzig, drei aus Chile, ein Nepali und ein Deutscher. Die Chilenen betreiben zu Hause eine Agentur für Mountainbike Touren und wollen prüfen, ob sie ihr Geschäftsfeld nicht nach Nepal erweitern können, so was wie Round Annapurna mit dem Mountainbike, ich bin beeindruckt. Offensichtlich sind die fünf auch von mir beeindruckt, wir müssen nicht nur gegenseitig

Fotos aufnehmen, nein, eine Videokamera haben sie auch dabei und so muss ich, vor laufender Kamera, ein Interview geben, wo ich herkomme, wo ich hin will, warum ich allein unterwegs bin und wie ich mit meinem Rennrad hier zurechtkomme. Ich erkläre, dass ich ursprünglich nach Lhasa wollte und mein Rad dafür optimiert hatte, da die Chinesen das vereitelten, bin ich nun mit einem suboptimalen Rad in den Bergen unterwegs. Dass ich 30% der Strecke schieben muss ist einfach so, dafür kann ich in dieser Zeit die Landschaft bewundern, beim Radfahren geht das eher nicht, die Straße fordert immer die voll Aufmerksamkeit. Schnell ist eine halbe Stunde vergangen, mit einer gewissen Wehmut trennen wir uns, unglaublich, wen man hier so trifft, denken jetzt beide Seiten. Noch weiß ich nicht, dass dieser Tag weitere unglaubliche Begegnungen bringen wird.

Es ist nicht mehr weit bis Tukuche, und, nach dreißig wunderbaren Kilometern, komme ich am frühen Nachmittag dort an. Am Ortsende steige ich im "Yak & Yeti" ab, eine unscheinbare Lodge, aber ein Glücksgriff, es gibt ein Zimmer mit eigenem Bad und warmer Dusche, absolut perfekt. Auf der Veranda vor dem Hotel lasse ich mich bei einem Kaffee nieder, ein Pfannkuchen kommt dazu, allerbest. Noch scheint die Sonne, es ist warm und ich lasse die Eindrücke des Tages an mir vorbeiziehen, allein für diesen Tag hätte sich die ganze Reise gelohnt. Zum ersten Mal stoße ich hier auf Äpfel aus eigener Ernte, von hier bis Jomsom und Kagbeni finden sich jede Menge Apfelplantagen, und das in Höhen zwischen 2500 und 3000 Metern. Die Äpfel werden in jeder Form genutzt und zum Kauf angeboten, den Apfelkuchen hatten wir ja schon in Lete, Apfelpfannkuchen, Apfelsaft, Apfelwein und Apfelschnaps finden sich im Angebot, und natürlich kann man sie auch zum Direktverzehr erwerben. Einfach köstlich diese Äpfel, ein Aroma wie man es selten findet, das perfekte Analogon zu den Bananen in tieferen Lagen. Und wieder sind es die Kinder, die mich anstaunen, eine kleine Gruppe von fünf Kindern, so um die sieben oder acht Jahre alt, zwei davon tragen die kleineren Geschwister auf dem Rücken, und alle mit Rotznasen. Ein dritter Beobachter hätte Mühe zu entscheiden, wer hier wen anstaunt, schade, dass da die Sprachbarriere ist. Ich bewundere mit welcher Selbstverständlichkeit die Großen die Kleinen betreuen. Da könnte sich manche wohlsituierte Familie in Deutschland eine Scheibe von abschneiden, Einzelkind "Generation Rücksitz", das ist meine spontane Assoziation für Europa.

Kinder in Lete

Kinder in Tukuche

Mit den letzten Sonnenstrahlen spaziere ich durch das Dorf, auf der alten Dorfstraße, ohne Autos. Dafür stolpere ich jetzt über Touristen. Hier, entlang der alten Dorfstraße, gibt es offensichtlich zwei oder drei Hotels, die stärker frequentiert sind als das Yak & Yeti, dort bin ich der einzige Gast. Im alten Dorfteil sieht man, dass es bessere Zeiten gegeben hat, einige Häuser stehen leer, manche Mauer am Feldrand ist eingestürzt, sogar eine kleine Klosteranlage hat es mal gegeben, lange verlassen, gammelt sie dahin. Inzwischen ist die Sonne hinter den Bergen verschwunden, es wird kühl, und ich gehe zurück zu meinem Hotel.

In der Gaststube treffe ich eine junge Frau, sie sieht aus wie eine Nepali, ist aber offensichtlich als Touristin hier unterwegs. Beide Seiten versuchen ihre Neugier zu befriedigen, wir trinken einen und einen zweiten Tee zusammen und sind schnell im Gespräch vertieft. Es stellt sich heraus, dass sie zwar in Nepal geboren und aufgewachsen ist, jetzt aber schon, über tausend Zufälle, seit vielen Jahre in Belgien wohnt und dort ein Kaffeegeschäft betreibt, wie könnte es anders sein, mit Kaffee aus Nepal. Einmal pro Jahr fliegt sie nach Nepal, Kaffee einkaufen, Verwandtschaft besuchen und hin und wieder eine Trekkingtour unternehmen, so wie jetzt an der Annapurna. Ich bin begeistert von dieser Vita, aber die junge Frau erzählt mir auch, wie schwierig es war und ist, als Ausländer in Europa ein Geschäft zu betreiben, insbesondere mit Importwaren aus so kleinen und wenig bekannten Ländern wie Nepal, stimmt die Qualität, gibt es Zertifikate für alles und jedes und so fort. Wie so häufig im echten Leben, das Unbekannte erzeugt sehr schnell Angst. Inzwischen hat sie aber einen Kreis von Stammkunden und ist ganz zufrieden. Schließlich stellt sich heraus, dass sie zusammen mit einem Engländer und einem Deutschen unterwegs ist, in irgendeinem Hotel hat man sich getroffen und zusammen einen Guide genommen. Zum Abendessen sitzen wir dann zu viert zusammen, das Essen ist köstlich, alle trinken den wunderbaren Apfelsaft und geredet wird ohne Ende. Es zeigt sich, dass der Deutsche drei Monate in Bangladesch war und dort bei einer Firma, die ein Wasserprojekt entwickelt, die Abschlussarbeit für seinen Master geschrieben hat und da wollte er dann, vor dem Heimflug, auch mal zwischen den höchsten Bergen der Welt herumlaufen. Es ist zwar erst 21 Uhr, aber ich falle todmüde ins Bett. Zum ersten Mal benutze ich meinen Schlafsack. Das Zimmer ist zwar super, aber die Bettdecke ist recht dünn und die Zimmertemperatur fällt nachts auf etwa 10 Grad, draußen ist es hart an der Frostgrenze.

Kagbeni

Bestens ausgeruht starte ich am nächsten Morgen, Tukuche liegt noch im Schatten, aber das Tal ist inzwischen so weitläufig, dass ich schnell die ersten Sonnenstrahlen erreiche. Die Straße ist relativ gut, trotzdem komme ich nur langsam vorwärts, da ich ständig für ein Foto anhalten muss. Schon nach ein paar Kilometern staune ich über einen riesigen Felsbrocken am Straßenrand, groß wie ein Einfamilienhaus, aber es ist nicht die Größe, es ist das eingemeißelte "Om Mani Padme Hum", noch dazu bunt ausgemalt. Der Buddhismus wird hier mit jedem Meter spürbarer, manchmal könnte man denken, dass man schon in Tibet ist, obwohl die Grenze noch gut 100 km entfernt ist. Ein paar Kilometer weiter komme ich durch Marpha, das alte Dorf ist nahezu komplett erhalten, so wie es vor hunderten von Jahren gebaut worden ist, alle Häuser sind weiß gestrichen, die Holzfenster rot oder braun, ein Gesamtkunstwerk. In aller Muße schiebe ich auf der alten Straße durch das Dorf, im Zentrum finde ich jede Menge Läden, die Kunsthandwerk anbieten, Schmuck und Kleidung und das reichlich. Kein Wunder, Jomsom ist nur 10 km entfernt und dort gibt es einen Flugplatz, also ist man mit dem Jeep in einer halben Stunde in Marpha. Die Nähe zu Jomsom muss es auch sein, die die Anzahl der Touris heute enorm ansteigen lässt. So viele Fotos wie heute sind vorher noch nie von mir gemacht worden, das Motiv ist immer ähnlich, ein gelber Radfahrer auf einem pinkfarbenen Fahrrad im Nirgendwo, eingerahmt von schneebedeckten Bergen. Ich trage es mit Fassung.

Dann bin ich in Jomsom, gleich am Ortseingang stolpert man über den kleinen Flughafen. In der felsigen Landschaft erkennt man die Landebahn erst auf den zweiten Blick, der Eingang ist dafür nicht zu übersehen, ein großes Stahltor mit der Inschrift "Jomsom Airport", und natürlich mit Wachposten. Flugzeuge landen und starten hier nur am Vormittag bis gegen 11 Uhr, dann setzt unerbittlich ein immer stärker werdender Wind ein, der das Tal aufwärts fegt und bis in den Abend anhält. Die Sonne heizt jeden Morgen den relativ dunklen Fels und Geröllboden hier oben und in Upper Mustang auf, die warme Luft steigt auf und kältere strömt aus den tieferen, schattigeren Talbereichen unterhalb von Tukuche nach, und fertig ist der Wind. Wenn die Sonneneinstrahlung zum Abend hin nachlässt, flaut auch der Wind ab und über Nacht ist es dann windstill, bis am nächsten Morgen das Spiel von neuem beginnt.

Jomsom selbst ist eher hässlich, zumindest nicht wirklich schön, besonders, wenn man aus Marpha kommt. Dafür gibt es, neben dem Flughafen, auch einen Geldautomaten. Viele Touris, so wie ich auch, versuchen hier ihre Bargeldvorräte aufzufrischen. Das führt dazu, das der eine Automat, ATM "all time money" heißt dieses Teil so schön, ursprünglich "automated teller maschine", natürlich häufiger entweder leer oder defekt ist. Ich erwische glücklicherweise einen Tag, an dem der Automat nur defekt ist, fünf Minuten sagt der Techniker, dann gehe es weiter. Natürlich ist diese Aussage nicht wörtlich gemeint, aber sie gibt mir die Hoffnung, dass der Apparat innerhalb einer Stunde wohl wieder fit sein könnte. Ich staune nicht schlecht, nach einer halben Stunde, ich habe derweil am Straßenrand in der Sonne gesessen, spuckt der Automat wieder Geld aus, vor mir haben schon drei andere Touris auf diesen Moment gewartet. Ich frage mich, warum immer ein Bankmitarbeiter als Helfer neben meinen Leidensgenossen steht. Als ich an der Reihe bin wird es mir klar, der Bildschirm zeigt nur kryptische Wortfetzen, für einen normalen Menschen ist die Bedienung unmöglich, aber der Fachmann navigiert den armen Touri zielstrebig durch diesen Dschungel von Zeichen und Wörtern und nach zwei Minuten halte auch ich mein Bargeld in Händen.

Nur zwanzig Meter weiter ist wieder ein Checkpoint installiert, das Permit und der Reisepass werden geprüft und, wie in Ghasa, per Hand in ein großes Buch eingetragen, hier soll wirklich niemand verloren gehen. Nochmals zehn Meter weiter gibt es einen zweiten Kontrollpunkt, die gleiche Prozedur, ich habe keine Ahnung was das soll, hier ist es offensichtlich die Polizei, war der erste Kontrollpunkt dann die Tourismusbehörde? Wie auch immer, da bin ich durch. Weiter schiebe ich durch Jomsom, der Ort ist größer als ich anfangs dachte, aber schöner wird er nicht. Am Ortsende führt eine Brücke über den Kali Gandaki, jetzt geht es auf der rechten Seite weiter, der Fluss fließt nun links von mir bergab.

Maultiere zwischen Jomsom und Kagbeni

Gottesanbeterin bei Tiplyang

Eindrucksvoll ist der Wandel im Landschaftsbild, wir sind inzwischen auf rund 3000 Meter Höhe. Nur wenige hundert Meter hinter Jomsom, statt Apfelbäumen, Pappeln und Büschen jeder Art, ist die Vegetation plötzlich verschwunden, bis auf ein paar Flechten, ganz und gar. Geröll, so weit das Auge reicht, den Fluss kann man kaum noch erkennen, er versteckt sich zwischen den Kieselsteinen, selbst die Flanken der Berge sind kahl, auch dort bestenfalls ein paar Flechten, aber das war es dann. Ich fühle mich wie im falschen Film, selbst die schneebedeckten 8000er sind kaum noch zu sehen. Das Tal hat hier eine Breite von ein paar Kilometern und schlängelt sich ganz langsam bergauf, nie fand ich das Nirwana besser dargestellt als hier, aber ein ungemütliches Nirwana, am liebsten würde ich wieder umkehren. Wenn ich nicht durch meine Karte die Sicherheit hätte, dass ein paar Kilometer weiter wieder ein Dorf kommt, ich hätte ernste Zweifel, ob es schlau ist weiter zu fahren. Glücklicherweise weht der Wind von hinten, so kostet das Radfahren nur die halbe Kraft. Zur Strafe führt der Weg dann aber kilometerlang direkt durch das, zur Zeit weitestgehend trockene, Flussbett. Über dicke Kiesel holpere ich dahin, fahren oder schieben, beides ist hier gleich ungemütlich. Immer wieder begegnen mir Trekking Touristen in großen und kleinen Gruppen, ich werde bestaunt wie ein Marsmännchen, das sich auf den Mond verirrt hat. Ich hingegen staune über die unglaubliche Zahl von Maultierkarawanen, jede viertel Stunde treffe ich eine, zwanzig, dreißig Tiere, schwer beladen, offensichtlich läuft der komplette Handel zwischen Upper Mustang und dem Rest der Welt auf diese Art und Weise. Endlich sehe ich den nächsten Ort vor mir, ich hatte mir unterwegs schon erzählen lassen, dass der Ort Ekle Bhatti nur aus fünf Häusern besteht, und drei davon Hotels sind, davon wiederum wurde mir das am Ortsausgang empfohlen. Der Wind ist inzwischen ziemlich heftig, die Landschaft immer noch öde, der Ort zwar nicht einladend mit seinen drei zerzausten Bäumen, aber halt eine Siedlung, essen, trinken und schlafen. Ich staune nicht schlecht, alle Hotels sind ausgebucht, mit Trekking Leuten. In einem Restaurant, bei einem Drink, draußen wirft der Wind fast mein Fahrrad um, lasse ich mir von zwei jungen Leuten erklären, dass es nur noch eine halbe Stunde bis Kagbeni ist, dort sei es eh viel schöner, sie würden hier auch nur einen Drink nehmen und dann flussabwärts weitergehen, dieses kleine Stück flussaufwärts würde ich mühelos noch schaffen, außerdem sei die Straße gut.

Ich habe es geschafft, zwar nicht mühelos, auch nicht in einer halben Stunde, aber der Lohn dafür ist so perfekt, dass ich es kaum glauben kann. Kaum hat man Ekle Bhatti verlassen, zieht sich die Straße etwas oberhalb des Tals an der Bergflanke längs und man sieht in der Ferne Kagbeni. Noch bevor man die Häuser erkennen kann, sieht man Felder, Obstbäume und Pappeln, wie eine Oase liegt da ein grün brauner Fleck in der kargen Landschaft, ein Wohltat fürs Auge! Um 14 Uhr erreiche ich den Ortseingang, es ist fast wie im Märchen, Getreide satt neben mir, Pappeln rauschen im Wind, rückblickend thront über allem die Annapurna, und die erste Lodge heißt auch gleich "Annapurna Lodge". Keinen Moment zögere ich, frage nach einem freien Zimmer und bekomme auch eins, einfach zwar, Dusche und Toilette auf dem Gang, aber ich bin hochzufrieden. Das Fahrrad darf im Schlafsaal der Träger parken, da kaum welche da sind, ist das kein Problem.

Schnell ist mein Gepäck im Zimmer, schnell bin ich geduscht und dann sitze ich im Restaurant der Annapurna Lodge, dreißig, vierzig Meter über dem Talgrund, ein Logenplatz erster Güte, zum Tal hin komplett verglast, wie ein Wintergarten, die Sonne scheint herein, es ist wohlig warm und der Blick schweift über das Tal, vorne saftig grün, das Getreide schon erntereif, goldbraun, hinten das Geröll des Kali Gandaki und über allem die Annapurna, sie strahlt förmlich in der Nachmittagssonne, es ist wie im Himmel. Kein Wunder, ist doch der Himalaya der Sitz der Götter und ist doch "Annapurna" der Name einer Göttin, der Göttin der Speisefülle, ich würde erweitern, der Fülle schlechthin. Wie gut, dass die Hotels in Ekle Bhatti alle belegt waren, und wie gut, dass ich gleich in dieser Lodge abgestiegen bin.

Der Sonnenschein zieht mich nach draußen, das Licht ist unbeschreiblich, ewig könnte ich hier stehen bleiben und dieses Panorama aufsaugen. Irgendwann reiße ich mich los von diesem Blick, und starte einen Rundgang durch den Ort Kagbeni. Natürlich gibt es hier eine ganze Reihe Lodges, und natürlich gibt es auch reichlich Touristen, es wäre auch ein Wunder, wenn ich allein diesen Ort so traumhaft fände. Kagbeni ist eher klein und gliedert sich in den "neuen" Ortsteil mit Lodges und Geschäften, in dem ich wohne und einen alten, inzwischen nicht mehr bewohnten Teil. Dieser Teil ist faszinierend, weil man dort das Rad der Geschichte nochmals einige hundert Jahre zurückgedreht erlebt. Unglaublich enge Gassen ziehen sich durch die unglaublich dichte Bebauung, nur für Fußgänger und Maultiere begehbar. Mauern sind mit Manisteinen bedeckt, hin und wieder flattert eine zerfetzte Gebetsfahne über einem Dach und hin und wieder öffnet sich der Blick auf einen alten Innenhof. Schließt man in einem solchen Moment die Augen, dann sieht man das geschäftige Treiben in diesen Höfen und Gassen, so, als wenn es nie aufgehört hätte. Es ist immer wieder verblüffend, welche phantastischen Fähigkeiten unser Gehirn besitzt, nicht nur während des Schlafs können wir Dinge erleben, die überhaupt nicht vom Erleben im Wachzustand unterscheidbar sind, nein, auch im Wachzustand können wir Dinge visualisieren, die für einen externen Beobachter nicht vorhanden sind. Wie heißt es so schön " Es gibt mehr Dinge zwischen Himmel und Erde.....".

die Felder von Kagbeni

Nachmittagswind im Tal des Kali Gandaki

Kloster Kagbeni

das Fahrrad in der Nähe von Jomsom

Zwischen altem und neuem Dorfteil findet sich noch ein Highlight von Kagbeni, das Kloster. Auf einem Felssporn liegt es, klein aber fein, Gebetsfahnen im Wind und im Gegenlicht, Gebetsmühlen darunter, auf der einen Seite der Blick über das Tal mit der Annapurna, auf der anderen Seite, der Blick aufwärts, in Richtung Upper Mustang, diesem immer noch weit ab von der Welt gelegenen ehemaligen Königreich. Heute ist es ein Teil von Nepal, nur zu Fuß oder per Maultier zu erreichen. Wieder zu Hause lese ich, dass auch Mustang seit Jahren den Anschluss an die Welt gefunden hat. Alljährlich zum Winterbeginn, wenn hier oben im wahrsten Wortsinn der Winterschlaf einkehrt, wandert ein Großteil der Männer mit Kräutern und den heiligen Steinen des Kali Gandaki, versteinerten Ammoniten, schwer beladen nach Pokhara. Dort wird alles verkauft und mit dem Erlös geht es weiter nach Indien. Hier starten die Männer dann eine clevere Geldvermehrungsmaschine, sie kaufen an einem Ort ballenweise billige Synthetik Pullover, Mützen und Schals, ziehen dann weiter und verkaufen diese Ware an einem anderen Ort als "Tibetische Wollware". Sie nutzen dabei einerseits die Unwissenheit der Inder und andererseits ihr unverkennbar tibetisches Aussehen, denn tibetische Wollwaren sind in Indien ebenso begehrt, wie im Rest der Welt.

Nun, ich sitze immer noch in Kagbeni. Wenn es eine Traumlokation für ein Kloster gibt, dann diese, dem Himmel so nah und doch erdverbunden. Ich setze mich auf einen Stein und träume. Was treibt einen Menschen überhaupt in ein Kloster, möchte er einfach nur Ruhe finden, ist es die ungestörte Meditation an einem der Welt entrückten Ort, ist es der Versuch oder das Bedürfnis den Sinn von Allem zu erkennen, ist es das Streben Gott und den Himmel zu finden, oder liebt er einfach das Leben in der Gesellschaft Gleichgesinnter. Ich kenne die Antwort nicht und meditiere auf eine buddhistische Grundaussage, " Gott ist in mir und ich bin in Gott". Irgendwann wird mir kalt, die Sonne ist hinter den Bergen verschwunden, das ganz irdische Bedürfnis nach Wärme lässt mich aufstehen und den Weg zur Annapurna Lodge gehen, so einfach ist das manchmal.

Im Restaurant ist es noch wohlig warm, auch wenn es inzwischen im Schatten liegt. Außer mir sitzt dort nur ein Herr aus Israel mit seinem Guide, er kann es kaum fassen, dass ich mit dem Fahrrad hier bin und ich kann es kaum fassen, dass er mit Guide und Jeep unterwegs ist. Dem Gedankenaustausch über Land und Leute tut das keinen Abbruch. Im Grunde ist er ein ganz netter Typ, hat eben nur die mühelose Art der Fortbewegung gewählt. Wir stellen fest, dass wir morgen beide nach Muktinath wollen, soll nicht weit sein, nur 10 bis 12 km, dafür aber 1000 Höhenmeter. Natürlich nimmt der gute Man den Jeep, ich habe beschlossen zu Fuß zu gehen, werde das Rad hier stehen lassen, am Vormittag nach Muktinath hochgehen, dort eine Mittagspause einlegen und am Nachmittag wieder zurückgehen. Wie gut diese Idee ist, wird sich am nächsten Tag zeigen. Noch sitze ich hier gemütlich, gönne mir eine Gemüsesuppe und wunderbare tibetische Momos zum Abendessen, auch eine Flasche Bier lasse ich mir schmecken.

Langsam finden sich weitere Gäste ein, eine kleine Wandergruppe aus Österreich und ein sehr spezielles Dreiergespann, Vater, Tochter und ein Buddhistischer Mönch. Natürlich kann ich meine Neugier nicht zurückhalten, wir kommen ins Gespräch. Der Vater, etwa sechzig Jahre alt, hat vor Jahren diesen Mönch adoptiert, in welcher Form genau, das bleibt offen, regelmäßige Geldspenden zählen aber wohl dazu. Sein Stammkloster ist in Pokhara und nun sind sie auf dem Weg nach Upper Mustang, um dort den Heimatort und die Familie des Mönches zu besuchen. Die Tochter, so um die dreißig, begleitet die beiden. Ein in jeder Beziehung ungewöhnliches Trio. Alle möglichen Gedanken gehen mir durch den Kopf, ist es nicht schwierig für einen jungen Mann tage und wochenlang mit einer jungen Frau, die seine Freundin sein könnte, zusammen auf Tour zu sein, und dann noch der alte Herr dabei, zusätzlich die Sprachbarriere, der Mönch spricht wenig Englisch, Vater und Tochter wenig Nepali, was in Gottes Namen treibt Europäer zu solchen Taten? Oder, ist die Lage ganz einfach, der alte Herr war vor dreißig Jahren, als junger Mann, schon einmal hier, und der Mönch ist schlicht sein Sohn?

Ich finde keine Antwort, nur Erinnerungen aus meiner Kindheit kommen hoch. Als ich noch klein war, in den Fünfziger Jahren, war es in katholischen Kreisen sehr beliebt eine Patenschaft für ein "Negerkind" in Afrika zu übernehmen, "Negerkind" war damals die übliche Bezeichnung. Die Wortwahl ist auch nicht der Punkt, der Punkt ist, man fühlte sich als guter Mensch, als Wohltäter, wenn man pro Monat, damals noch eine DM, für ein Kind in Afrika spendete. Wo und wie das Geld eingesetzt wurde blieb mir vollkommen unklar, für einen Bleistift und ein Schreibheft hieß es. Die Katholische Kirche und die Eltern brachten es uns Kindern so bei. Als ich etwas älter geworden war, sagen wir mit 15, bekam ich dann Zweifel, ob diese Tat wirklich eine gute Tat ist. Ich lernte, dass viel Unfug mit Spendengeldern getrieben wird, je größer der Verein, umso undurchsichtiger wurde es, und die Katholische Kirche ist ein großer Verein. Mich verblüffte auch, dass dieselbe Kirche in unserer Gemeinde eine neue Orgel finanzierte, immerhin eine Summe von einigen 10.000 DM, das passte irgendwie nicht zusammen. Außerdem lernte ich langsam, dass es auch in Deutschland, in unserer Stadt, in unserer Gemeinde, reichlich Menschen gab, die der Hilfe bedurften. Manchen fehlte das Geld für die Kleidung, manche Eltern konnten ihren Kinder nicht bei den Hausaufgaben helfen, weil sie selbst keinen Schulabschluss besaßen und so fort. Der Begriff "Sozialer Brennpunkt" etablierte sich in den Städten. Ich beschloss, nicht mehr für Kinder in Afrika zu spenden, sondern mit Zeit, meinem bescheidenen Wissen und etwas Geld vor Ort zu helfen.

Mit diesen Gedanken sitze ich da, und unterstelle, dass bei Vater und Tochter der Gedanke des Gutmenschen die Triebkraft für ihr Handeln ist, um ehrlich zu sein, ich traue mich nicht, mit den beiden diesen Punkt zu diskutieren.

Bevor ich auf mein Zimmer gehe und in den Schlafsack krieche, muss ich noch einen Blick auf den Sternenhimmel werfen. An jedem Abend hier in den Bergen tue ich das, jedes Mal ist es wieder ein unbeschreibliches Erlebnis, die ungeheure Zahl ist es, die verschiedenen Farben der Sterne, die hier sichtbar sind, die Milchstraße, wie ein Schleier zum Anfassen, ich stehe da, schaue und kann es nicht fassen, der nächste Stern ist vier Lichtjahre von uns entfernt, das ist schon unvorstellbar weit, viele sind Millionen Lichtjahre entfernt, es grenzt an Wahnsinn, dass ich hier stehen und staunen kann. Wie und warum auch immer dieser Kosmos entstanden ist, wir wissen es nicht, auch, wenn die Astrophysik es immer wieder versucht zu erklären. Begriffe wie "Dunkle Materie" und "Dunkle Energie" sind der verzweifelte Versuch der Beschreibung einer Welt, deren Zusammensetzung wir zu 90% nicht kennen. Der Faszination des nächtlichen Sternenhimmels tut das keinen Abbruch, und Gott als Schöpfer anzunehmen ist ebenso faszinierend. In meinem Schlafsack ist es wohlig warm, keine zehn Minuten später schlafe ich, die Frage nach dem Universum verschwindet im Nirwana meiner grauen Zellen.

Muktinath

Früh um sechs sitze ich beim Frühstück, es ist noch kühl im Restaurant, das ganze Tal liegt im Schatten, nur die Spitzen der Annapurna werden langsam von der Sonne erreicht. Eine halbe Stunde später bin ich unterwegs nach Muktinath, draußen ist es richtig kalt, mit leichtem Gepäck, Rucksack mit Fotogerät und Wasserfalsche, geht es los. Schon nach wenigen hundert Metern treffe ich auf zwei junge Russen aus Omsk, die auch nach Muktinath wollen, aber keine Karte dabei haben und überhaupt kein Orientierungsvermögen besitzen, wir tun uns zusammen und wandern weiter. Bald fällt mir auf, dass die beiden recht kurzatmig sind und alle paar hundert Meter eine Pause brauchen. Es stellt sich heraus, dass sie erst gestern mit dem Flugzeug nach Jomsom gekommen sind, dann bis Kagbeni gelaufen sind, die Strecke ist relativ flach, und heute hier unterwegs sind. Knapp tausend Höhenmeter liegen vor uns, von 2800 auf 3800 Meter Höhe, das muss natürlich zu Problemen führen, da hatten sie aber nicht drüber nachgedacht. Beide sind gläubige Hindus und erzählen mir auf dem Weg unendlich viel über den Tempel in Muktinath. Besonders wichtig ist ihnen das Duschbad mit dem heiligen Wasser der Quelle dort, damit kann man negatives Karma "wegwaschen", auch mir empfehlen sie diese Prozedur. Allein der Gedanke an die Wassertemperatur lässt dieses Ritual für mich ausscheiden. Der Höhepunkt ihrer Wanderung im Kali Gandaki Tal wäre, einen heiligen Stein zu finden, einen versteinerten Ammoniten, der häuft positives Karma an, beschert einem gesunde Kinder, eine glückliche Ehe und tausend andere Dinge. Diese beiden Russen faszinieren mich, ihr letztes Geld haben sie zusammengekratzt für diese Reise. Für eine Lodge in Kagbeni reicht es nicht, sie zelten am Ortsrand, ihre Fußbekleidung besteht aus Wollsocken und Sandalen, nicht wirklich ideal für eine Bergwanderung, aber, sie sind glücklich!

Die Landschaft, durch die wir uns bewegen, ist auf den ersten Kilometern öd und leer, Steine, Geröll, sonst nichts, aber die Berge um uns herum, das ist fantastisch. Nach und nach taucht die Sonne einen Berg nach dem anderen ins Licht, der Schnee glitzert dort oben, die Farben leuchten, die Schatten modulieren jeden Berg äußerst feingliedrig, die Luft ist so klar, dass man meint, die Berge seien zum Anfassen nah. Nun, ein früher Morgen in den Bergen hat immer etwas unwirkliches, nie ist man sich sicher, dass alles echt ist, immer wieder fürchtet man, es ist ein Traum oder eine perfekte Computersimulation. Nur die Kälte ist ein sicheres Zeichen für die Echtheit. Nach gut einer Stunde haben wir es geschafft, die Sonne hat auch uns erreicht. Wohlig warm wird es nun, die Hälfte der Kleidung wandert in den Rucksack und wir gönnen uns den ersten Schluck Wasser. Ganz langsam wird das Tal grüner, kleine Felder, Obstbäume, Pappeln, wir nähern uns der ersten Siedlung. Das tut dem Auge gut, etwas Farbe ist einfach angenehm. Die Pappeln wechseln inzwischen ganz langsam zu einem goldgelben Farbton, die Felder schwanken zwischen grün und braun und rundum Berge, schneebedeckt, im frühen Sonnenlicht glitzernd. Shangri La könnte so aussehen, wenn nicht diese Massen von Trekking Touristen wären, alle zwei Kilometer stolpert man über eine Gruppe, zwanzig Wanderer mit ebenso vielen Trägern, laut schnatternd, dann ist der Zauber für zehn Minuten dahin. Glücklicherweise bewegen sich diese Gruppen immer in Gegenrichtung, denn der klassische Round Annapurna Trek führt von Muktinath abwärts über Kagbeni, Jomsom und so fort. Noch eine andere ernüchternde Folge des Massentourismus findet man hier in jedem Ort, Verkaufsstände für Schmuck und Kleidung aus eigener Produktion, in der Regel nur zwei oder drei pro Siedlung, später in Muktinath ist es wie ein Basar, dicht an dicht, mindestens zwanzig bis dreißig dieser fliegenden Läden. Glücklicherweise gibt es dann wieder die Wegstrecken mit Landschaft pur, wie gemalt manchmal, vorne Felder, ein paar Pappeln, im Hintergrund der nächste Ort am Berghang, darüber, glitzernder Schnee und über allem ein tiefblauer Himmel.

Nach vier Stunden habe ich es geschafft, die kurzatmigen Russen habe ich irgendwann hinter mir gelassen, 15 Kilometer und 1000 Höhenmeter habe ich jetzt hinter mir, es ist 11 Uhr, ich bin in Muktinath, und ich bin enttäuscht, der Ort ist hässlich. Gleich im ersten Restaurant trinke ich eine Cola, im Innenhof ist es wohlig warm, hier in fast 4000 Meter Höhe, liegt ein Baby mit ölglänzendem Körper in der Sonne und wird von seiner Mutter massiert, Mutter und Kind strahlen größte Zufriedenheit aus, ein Bild, das meine Enttäuschung mildert. Schon nach zweihundert Metern trifft man auf die Jeep Station, dreißig, vierzig Jeeps stehen da und warten auf die fußlahmen Touristen, etwas später, endlose Verkaufsstände, Andenken jeder Art, Schmuck und Kleidung, vom heiligen Stein bis zur Wollmütze findet man ein schier unermessliches Angebot. Dann kommen die Hotels und Restaurants, wieder reichlich, und am Ende des Ortes, die riesige Tempelanlage, mit unendlich vielen Pilgern und Touristen, zwischen zahllosen Manisteinen und Gebetsfahnen.

Eines der wichtigsten Pilgerziele in ganz Nepal ist dieser Tempel, vermutlich schon seit 3000 Jahren etabliert. Aus 108 Quellen sprudelt hier Wasser, es ist den Hindus heilig, negatives Karma soll es weg waschen, deshalb ist ein Duschbad mit diesem Wasser für einen gläubigen Hindu vielleicht kein Muss, aber doch sehr empfehlenswert, "meine Russen" werden es heute noch realisieren Eine Erdgasflamme brennt an diesem

Ort, seit ewigen Zeiten, sie ist den Buddhisten heilig. Das Gelände ist weitläufig, abseits der Trampelpfade setze ich mich auf einen Stein. In 4000 Meter Höhe ist die Luft frisch und glasklar, die Sonne wärmt wunderbar, wieder taucht das Shangri La Bild in mir auf. Die Sehnsucht des Menschen nach solch mystischen Orten, abseits der Welt, wunderschön und komfortabel zugleich, sie scheint seit Jahrtausenden ungebrochen, man könnte denken, es hat das biblische Paradies wirklich gegeben und tief in unserem Inneren sitzt die Erinnerung an diesen Ort oder diesen Zustand. Eine ganze Weile sitze ich da, über mir die flatternden Gebetsfahnen vor dem unendlichen Himmel, unter mir das paradiesische Tal. Irgendwann melden sich dann aber Hunger und Durst, ich steige wieder hinab in das Muktinath der realen Welt und lasse mich in einem realen Restaurant bei Apfelpfannkuchen, Kaffee und Wasser nieder. Ich kann es nicht leugnen, die einfachen Grundbedürfnisse, wie Essen und Trinken, zu befriedigen, auch das tut einfach gut.

Als ich den Rückweg antrete wird mir erst klar, wie intensiv hier die Sonne scheint, ich krame meine Mütze vor, das hätte ich schon früher tun sollen. Zur Nutzung der intensiven Sonne stehen vor jedem Haus "Solaröfen", wie große Sonnenschirme, die auf dem Rücken liegen, sehen sie aus, etwa zwei Meter groß, aus Aluminiumblech gefertigt, bündeln sie sie das Sonnenlicht auf eine Stelle etwa einen Meter vor dem Schirm, dort befindet sich in einer Halterung ein Kochtopf aus Aluminium. Aber nirgendwo sehe ich einen Topf dampfen, nirgendwo sehe ich einen Menschen, der den Topf vom "Herd" nimmt oder dort hinstellt, es ist eher wie ein Open Air Museum für Solaröfen, seht mal was es gibt, aber wir nehmen lieber den Gasherd, da müssen wir nur die Gasflasche anschließen und los geht's. Die Frage, welch abenteuerliche Reise jede Gasflasche hinter sich hat, bis sie in Muktinath ist, die wird nicht gestellt. Mir kommt mal wieder der Verdacht, dass hier von wohlmeinenden Menschen aus Europa oder anderen "fortschrittlichen" Ländern, ein Projekt durchgezogen worden ist, ohne die Mentalität der Einheimischen, oder vielleicht auch das Grundverhalten des Menschen an sich zu bedenken. Jeder, der ein solches Projekt anschiebt, sollte sich doch zuerst selbst fragen, wie häufig nehme ich das Fahrrad, statt das Auto zu nutzen, oder, wo bin ich überhaupt bereit die unbequeme Variante zu wählen, wenn mir eine bequeme zur Verfügung steht?

Ich wandere wieder zurück nach Kagbeni, am Nachmittag sieht die Landschaft komplett verändert aus, das Glitzern in den Schneefeldern fehlt jetzt, die Luft ist nicht mehr so glasklar wie am Morgen und ich spüre natürlich, dass ich schon eine Weile auf den Beinen bin. Wie so häufig kommt mir der Rückweg nicht nur kürzer vor, bergab geht es auch schneller, gegen 16 Uhr bin ich, erschöpft, hungrig und durstig, zurück in der Annapurna Lodge. Die Füße schmerzen, denn mit den Mountainbike Schuhen 30 km zu laufen, ist vollkommen schwachsinnig, nur, andere Schuhe hatte ich nicht. Beim Duschen zeigt sich, dass außer ein paar Druckstellen nichts passiert ist, der Schmerz lässt auch langsam nach, und nach einer halben Stunde sitze ich im sonnendurchfluteten Restaurant, noch schöner wirkt heute der Ausblick, noch wohliger ist die Wärme im Raum. Bis zum Abendessen bleibe ich hier sitzen, laufen muss ich heute nicht mehr, ich trinke Kaffee, Wasser und Apfelsaft, eine Suppe wird auch bestellt. Unterwegs habe ich wohl doch etwas wenig getrunken, in diesen Höhen verbraucht man schnell ein paar Liter Wasser pro Tag, ohne es so recht zu merken. Die Luft ist trocken, so spürt man kaum dass man schwitzt, das Wasser geht gleich als Wasserdampf in die Luft.

Zum Abendessen gönne ich mir eine weitere Suppe, Momos und ein Nudelgericht, jetzt fühle ich mich satt und zufrieden. Früh übermannt mich die Müdigkeit, doch bevor ich in den Schlafsack krieche, muss ich noch einen letzten Blick auf den Sternhimmel werfen, wie immer hier oben bin ich überwältigt von den unermesslichen Weiten unserer Welt, eine ganz grobe Ahnung haben wir, von dem, was wir dort draußen sehen, aber verstehen werden wir es wohl nie. Die alte Frage treibt mich um, gibt es dort draußen andere Lebewesen, die, wie ich, unter einem funkelnden Sternenhimmel stehen und sich ebenso wie ich fragen, gibt es dort noch andere Wesen, die diese faszinierende Welt auch bewundern. Die Wahrscheinlichkeit ist äußerst klein, jemals eine Antwort auf diese Frage zu finden. Ja, wir tun uns, trotz intensiver Bemühungen, schon mit der Frage schwer, gibt es überhaupt bewohnbare Planeten wie den unseren, Planeten die um andere Sonnen kreisen, und wenn es sie gibt, wie groß ist die Wahrscheinlichkeit, dass sich dort Leben entwickelt hat. Mehr Fragen als Antworten, im Schlafsack ist es wohlig warm, ich schlafe auf der Stelle ein.

Tukuche

Beim Frühstück erreichen die ersten Sonnenstrahlen die Annapurna Gipfel, dieses Bild werde ich vermissen. Noch ist es windstill, die Luft ist kühl. Eine Stunde später sind die ersten Sonnenstrahlen auch in Kagbeni angekommen, das wärmt, ich steige aufs Rad. Mir fällt es schwer den Rückweg anzutreten, diesen unendlich schönen Ort zu verlassen und nun, Tag für Tag, weiter in die Niederungen und die Städte zu fahren. Aber, glücklicherweise dauert es ja ein paar Tage bis ich wieder in Pokhara und Kathmandu bin. Ich bin kaum ein paar hundert Meter gefahren, da muss ich anhalten. Rechts neben mir, auf einem kleinen Hügel, stehen zwei Hirten mit einer Handvoll Ziegen, wie ein Scherenschnitt zeichnen sie sich gegen die gegenüber liegenden Berge und den blauen Himmel ab. Ich klettere zu ihnen hinauf, zu mehr als einem Namaste reicht die Sprache nicht, aber jetzt weiß ich, warum die beiden hier stehen. Der Panoramablick über das Tal ist überwältigend, glasklar ist die Luft, man glaubt jeden Kieselstein im Flussbett erkennen zu können, der Himmel tiefblau, die Berge wie Edelsteine funkelnd, dieses Licht am Morgen, es ist weder mit Worten noch mit Fotos beschreibbar, man muss es mit dem ganzen Körper aufnehmen. Ich belichte eine ganze Serie von Fotos, die ich später, zu Hause am Computer, zu einem Panoramabild zusammensetze, es wird eines meiner Lieblingsbilder. Ich liebe diese Panoramabilder, sie kommen dem Eindruck vor Ort zumindest nahe und wenn ich später diese Fotos betrachte, ist es phantastisch zu beobachten, wie man in das Bild eintauchen und sich mit jeder Faser seines Körpers wieder an diesen Ort versetzen kann. Ich muss mich losreißen von diesem Anblick, noch lange sehe ich die beiden Hirten dort stehen, während ich schon durch das Flussbett fahre und schiebe, die Kieselsteine sehe ich jetzt wirklich und ich spüre sie. Glücklicherweise kann ich mich vom Hinweg erinnern, diese Strecke ist endlich, so etwa einen Kilometer lang.

Plötzlich will mein Fahrrad nicht mehr fahren, von jetzt auf gleich wird es ganz schwergängig, "Plattfuß" ist mein erster Gedanke. Aber nein, die Reifen sind in Ordnung, sie werden es auch auf dem Rest der Tour bleiben, ein Aluwinkel ist gebrochen, der den Gepäckträger am Sattelstützrohr fixiert hat, nun schleift das Gepäck samt Träger auf den Kieselsteinen, die ganze Einheit hat sich um die Befestigungspunkte an den Ausfallenden gedreht. Es hätte schlimmer kommen können, mit einem Spanngurt und Gewebetape ist die Angelegenheit schnell gerichtet, wie lange es wohl halten wird, es hält die restlichen dreihundert Kilometer bis Kathmandu.

Inzwischen kommt der Wind auf, der jeden Tag ab zehn durch das Tal fegt, jetzt ist es für mich Gegenwind, die Sonnenbrille schützt mich, nicht nur vor der Sonne, auch vor Staub und Sand, die jetzt unaufhörlich auf mich einprasseln. Ein Stück hinter Jomsom, ich biege um eine Felsnase und traue meinen Augen nicht, da stehen zwei Männer, mitten im Nirwana am Straßenrand, vor sich ein Stativ mit einer Großformat Fotokamera, ein schwerer Rucksack liegt neben ihnen. Das Erstaunen liegt offensichtlich auf beiden Seiten, denn auch die beiden staunen mich an, ein "Marsmännchen" auf einem Fahrrad mitten im Nichts, das hatten sie auch nicht erwartet. Ich halte an und aus den ersten Sätzen wird eine halbe Stunde, es gibt so viele Dinge auszutauschen. Wo wir herkommen ist schnell geklärt, Alex kommt aus Schottland und hat einen Nepali Träger für die 4x5 Inch Fotoausrüstung dabei, ich aus Deutschland, immerhin, Europa verbindet uns und die englische Sprache. Alex ist vier Wochen mit seinem Träger unterwegs, hauptberuflich bohrt er nach Öl, nebenberuflich, aber äußerst professionell, ist er Bergfotograf, Schwarz-Weiß Fotos im Format 4x5 Inch sind seine Spezialität. In den Alpen war er schon häufiger, hier, das letzte mal vor 20 Jahren, da gab es die Straße noch nicht. Die Menschen an der Straße sind sein zweites Thema, für diese Aufnahmen hat er eine digitale Spiegelreflex im Gepäck, natürlich werde auch ich abgelichtet und erscheine wenige Tage später in seinem Blog. Alex ist der totale Freak, in seinem Gepäck schleppt er, genauer sein Träger, 500 Stück Planfilm für die Großformatkamera mit, diverse Objektive und natürlich das Stativ. Morgens steht er um vier Uhr auf, um einen Berg im ersten Morgenlicht abzulichten, und die Filme lässt er gleich in Kathmandu entwickeln. Mich hält er auch für einen Freak, der da mit dem Fahrrad herumfährt wo andere mühsam zu Fuß unterwegs sind und in seinem Rucksack auch eine digitale Spiegelreflex samt diverser Objektive mitschleppt. Zwei etwas abgedrehte Typen haben sich gefunden, ohne sich zu suchen, oder, gibt es doch Kräfte außerhalb unserer Vorstellungskraft, wir wissen es nicht. Alex ist noch eine Weile mit seiner Kamera beschäftigt, wird aber in dieselbe Richtung wie ich gehen, nach Tukuche, ich fahre, immer noch staunend, weiter. Schon um 14 Uhr bin ich in Tukuche, bergab geht es doch leichter und schneller, trotz Gegenwind. Wie auf dem Hinweg steige ich im Yak und Yeti ab, es ist einfach ein schönes Hotel und quasi „tourifrei".

Eine Weile später, ich sitze auf der Veranda in der Sonne, mit einer Tasse Tee, da traue ich meinen Augen schon wieder nicht, Alex und sein Träger kommen daher. Mir wird erst jetzt richtig bewusst, wie langsam ich mit dem Rad bin, Alex hat für die 15 km seit unserem Treffen nur eine Stunde mehr gebraucht als ich, und er ist zu Fuß unterwegs. Wir reden wieder eine Weile, es stellt sich heraus, dass er für die Akkus seiner Nikon das Ladegerät vergessen hat, und nun fast am Ende ist. Obwohl wir nicht das gleiche Modell benutzen, stellt sich heraus, dass meine Akkus in seine Kamera passen und umgekehrt. Da ich ein Ladegerät dabei habe, bekommt er von mir zwei volle Akkus und ich nehme seine leeren. Damit könnte die Sache beendet sein, aber, wir stellen fest, dass wir zum Ende der Reise im selben

Hotel, zur selben Zeit, in Kathmandu sein werden, das ist schon jenseits von Zufall! Also werden wir dort nicht nur die Akkus zurücktauschen können, sondern nochmals in Ruhe bei einem ausgiebigen Abendessen und einem Fläschchen Wein die "Weltlage" klären können. Die Welt ist voller Wunder! Für heute will Alex noch etwas weiter gehen, um im Nachmittagslicht einen bestimmten Berg zu fotografieren. Ich sitze noch eine halbe Stunde in der Sonne, schlendere durch das Dorf und setze mich dann früh zum Abendessen in das Restaurant

Lete

Die halbe Nacht hab ich gekotzt und auf dem Klo gesessen, es geht mir äußerst bescheiden, selbst das vorbestellte Frühstück habe ich wieder abbestellt, nur einen Tee und ein Stück Brot versuche ich, der Tee geht ja noch, aber feste Nahrung mag mein Körper überhaupt nicht. Mit leerem Bauch aufs Fahrrad zu steigen, das ist nicht das wovon man träumt, jeder Meter fällt mir schwer, ich beschließe nur bis Lete zu fahren, das sind 15 km, aber ich quäle mich, auf den letzten Kilometern zähle ich jede Pedalumdrehung und jeden Meter den ich vorwärts komme. Es wird 15 Uhr bis ich dort bin und im "Mountain View Guest House" absteige, dort, wo ich auf dem Hinweg den schönen Apfelkuchen gegessen habe. Nach Essen ist mir heute überhaupt nicht zumute, eine Cola trinke ich eher mühselig und halte mich an meinem Stuhl fest. Ich bin ziemlich fertig, muss aber eine halbe Stunde warten, bis mein Bett frisch bezogen ist, dann lege ich mich nieder. Ich muss eine Weile vor mich hin gedämmert haben, da klopft es an meine Tür, es ist Alex, er hat mein Fahrrad draußen gesehen und gehört, dass ich mich ziemlich schlecht fühle, er wird auch hier übernachten. Seine Reiseapotheke ist deutlich umfangreicher als meine, gleich hat er ein paar Pillen gegen Durchfall vorgekramt, die soll ich unbedingt schlucken, dann geht es mir morgen schon besser. Seit vier Wochen bin ich nun in Nepal unterwegs, da hatte ich mir eingebildet, dass ich jetzt keinen Durchfall mehr bekomme, aber dann erwischt es einen eben doch, und man hat keine Ahnung woran es gelegen hat. Zum Abendessen sitze ich mit Alex in der Gaststube, wir sind die einzigen Gäste, ich mümmele eine Scheibe Toastbrot, trinke Cola und Mineralwasser, Alex lässt es sich richtig schmecken, aber ich habe einfach keinen Hunger.

Ghasa

Die Nacht war schon etwas entspannter, musste nur zweimal raus, aber zum Frühstück gibt es wieder nur Tee und eine Scheibe Toastbrot. Alex kommt etwas später und leicht angemüdet zum Frühstück, er war schon seit vier Uhr unterwegs, für ein paar Bergfotos im ersten Morgenlicht. Die Kinder der Wirtsleute haben es uns beiden angetan, jeder von uns auf seine Art, läuft zu einer Fotoserie auf. Eines meiner Lieblingsfotos entsteht hier, großer Bruder, so um die sechs, hütet kleinen Bruder so um die zwei. Ein Sonnenlicht Kegel, der durch die offene Tür in die Gaststube fällt, liefert die perfekte Beleuchtung. Für eine Weile vergesse ich, wie schlecht es mir geht. Das Radfahren ist immer noch mühsam, aber bis Ghasa sind es nur 12 km, die Straße ist gut und so bin ich schon gegen 12 Uhr dort.

In Lete hatte ich keine Kraft für die Dusche, hier nutze ich sie gleich, warmes Wasser und danach in der warmen Sonne sitzen, das tut gut. Immerhin mag ich nach einer Weile sogar durch den Ort schlendern, das ist doch ein gutes Zeichen. Beim Abendbrot hab ich auch Hunger und probiere eine Suppe, lasse aber die Hälfte stehen. Dafür komme ich ins Gespräch mit einer Familie aus Deutschland, Vater, Mutter und Sohn, das heißt, ich spreche die drei einfach an, die da etwas verloren und in sich gekehrt an einem der Tische im Gastraum sitzen. Ich konnte meine Neugier einfach nicht unterdrücken, die drei waren mir schon am Nachmittag aufgefallen, als die Mutter ihrem etwa sechsjährigen Sohn genau erklärte, wie er die Toilette zu benutzen habe, und bitte das Händewaschen nicht vergessen solle. Wie konnte eine solch ängstliche Familie hier in Nepal mit ihrem Sohn herumlaufen. Nach einer halben Stunde weiß ich es, auch wenn

109

ich mir zunächst die Frage gefallen lassen muss, woher ich sie eigentlich kenne. Nur vom Hofplatz, das finden sie im Grunde zu wenig. Der Vater, Lehrer, so um die fünfzig Jahre alt, war früher ein richtiger Freak und mit zwanzig mal hier, jetzt will er Frau und Kind diese Landschaft zeigen, sicher gut angedacht, aber die Begeisterung von Frau und Kind hält sich offensichtlich in Grenzen, Pech für den armen Mann. Als ich die drei am nächsten Morgen weiter ziehen sehe, weiß ich nicht, ob ich lachen oder weinen soll, es waren die traurigsten Gestalten die ich in ganz Nepal getroffen habe.

Tiplyang

Das Frühstück schmeckt mir immer noch nicht, nach drei Bissen gebe ich auf, trinke nur den Tee. Als ich auf dem Rad sitze, scheint schon die Sonne im Tal und ich bin guter Dinge, aber, das Radfahren fällt mir trotzdem noch schwer. Welcher Teufel mich geritten hat, trotz meines Zustandes jeden Tag weiter zu fahren, ich weiß es nicht, aber vermutlich war es die Hoffnung, in geringerer Höhe Bananen zu bekommen, die gibt es hier oben einfach nicht. Jedenfalls fahre ich bis Tiplyang, 27 km bei zunehmender Hitze, Cola kann ich langsam nicht mehr sehen, trinke abwechselnd Mineralwasser. Um 13 Uhr treffe ich vollkommen fertig in Tiplyang ein, gut, dass es in der Blue Star Lodge das Sonnendach gibt und gut auch, dass heute die Kinder der Wirtsleute nicht zu Hause sind. Ich lehne das Fahrrad an die Wand, setze mich, wie ich bin, in den Schatten und bestelle Mineralwasser, Hunger habe ich nicht.

Eine ganze Stunde sitze ich dort, inzwischen hat sich eine kleine Franzosengruppe zur Mittagspause neben mir niedergelassen, sie lassen es sich richtig gut gehen, einmal die Karte rauf und runter, ich beneide sie. Und, ich bewundere auch die Gelassenheit mit der die Franzosen die Mittagspause zelebrieren, deutsche Wanderer sind nach einer halben Stunde fertig, oder sitzen gleich mit ihrer Wasserflasche und einem Stück Brot am Straßenrand. Als ich nach einer Stunde auf mein Zimmer gehe, ich lege mich wie ich bin aufs Bett und schlafe ein, da sind die Franzosen gerade erst bei der Nachspeise.

Zwei Stunden muss ich geschlafen haben, zumindest bin ich jetzt nicht mehr fix und fertig und mein Verlangen nach Bananen wird immer größer. Ich dusche, heute funktioniert die Dusche in Tiplyang, natürlich nur kalt, aber es ist ja noch warm draußen. Bevor ich ein wenig durch den Ort schlendere, bestelle ich für das Abendbrot eine Handvoll Bananen, meine Wirtsleute hatten auch schon ernste Sorgen, weil ich überhaupt nichts essen wollte. Die Besorgung der Bananen gestaltet sich offensichtlich etwas schwierig, die Franzosen hatten am Mittag die letzten Vorräte aufgegessen und nun muss der Hausherr von weiter her, aus einem   Lager, neue Bananen besorgen. Wenn man Hunger hat, und ganz langsam bekomme ich Hunger, fällt einem das Warten besonders schwer, aber dann endlich biegt der Herr des Hauses mit den Bananen um die Ecke. Solche Bananen hatte ich noch nie gesehen, die Schale mehr schwarz als gelb, kurz und dick, man hätte sie als Schlagwerkzeug einstufen können. Aber, einfach köstlich! Nachdem die Schale entfernt ist, sehen die Bananen endlich wie Bananen aus und wie sie schmecken! Nicht mehr zu trennen, ob das Verlangen nach Bananen oder die Bananen selbst diesen Geschmack erzeugen, ganz langsam und mit größtem Genuss mümmele ich vor mich hin. Jetzt weiß ich, dass ich auf dem Wege der Besserung bin, solange ich denken kann sind Bananen meine Rettung bei einem Durchfall. Früh bin ich im Bett und schlafe sofort ein, in der Nacht muss ich nicht einmal zur Toilette rennen.

Kusma

Ich sitze zeitig beim Frühstück, mir geht es gut. Zum Erstaunen der Wirtsleute bestelle ich Bananen und Tee, glücklicherweise hatten sie gestern einen kleinen Vorrat besorgt. Wieder verspeise ich die Bananen mit größter Hingabe, nach Tagen wieder feste Nahrung aufnehmen zu können, das ist wunderbar. Ich fühle mich wie ein neuer Mensch und steige fast beschwingt aufs Fahrrad. Wenn da nicht noch die Eiterbeulen am Gesäß wären, es wäre perfekt. Diese blöden Eiterbeulen verfolgen mich jetzt schon eine Woche, ganz harmlos fing es an, mit einem Eiterpickel in Hodennähe, den ich zufällig beim Duschen entdeckt habe. Natürlich werfe ich seitdem alle homöopathischen Kügelchen gegen Entzündung und co ein, trage auch eifrig Ringelblumensalbe auf, aber diese Teile werden immer mehr und immer größer, inzwischen habe ich auch am Unterschenkel eine Beule. Mir geht alles Mögliche durch den Kopf, hab ich mir irgendeinen Parasiten eingefangen, wann läutet mein Körper Alarmstufe Rot ein und startet das Fieber? Ich sehe mich schon im Tropenkrankenhaus in Hamburg, aber bis zum Rückflug habe ich noch eine Woche. Nun, außer abwarten bleibt mir nicht viel, ich ziehe mich auf den Standpunkt zurück, dass der Mensch ein äußerst zähes Wesen ist, und, dass andere Menschen schon härtere Dinge durchgestanden haben. Offensichtlich habe ich es durchgestanden, aber, ich war noch nie so schnell bei einem Arzt wie nach meiner Rückkehr aus Nepal. Nachts bin ich zu Hause angelandet und an nächsten Morgen um 8 Uhr bin ich bei meinem Hausarzt. Nur ein hartnäckiger Erreger sagt der, verschreibt ein Antibiotikum und eine Salbe und verspricht Besserung innerhalb einer Woche. Es wird vier Wochen dauern bis ich wieder halbwegs normal sitzen kann, nach acht Wochen hat sich dann die letzte Eiterbeule verabschiedet. Doch von dieser Entwicklung weiß ich an dem Morgen in Tiplyang noch nichts, ich fahre einfach los, auf dem Fahrradsattel kann ich besser sitzen als auf einem Stuhl.

Die Gewissheit, heute noch die Teerstraße von Baglung nach Pokhara zu erreichen, beflügelt mich. Unterwegs werden Bananen und Fanta meine Hauptnahrung, Cola kann ich nicht mehr sehen, Bananen gibt es jetzt an jeder Straßenecke. Wieder bin ich versucht in Galeshwar im "River View Hotel" abzusteigen, aber wieder ist es viel zu früh, ich fahre weiter. Gegen 14 Uhr treffe ich dann auf die Teerstraße, ich kann es kaum fassen, kein Holpern mehr, keine Bachläufe die durchquert werden müssen, einfach fahren, ruhig und gleichmäßig surren die Reifen auf dem Asphalt. Dass auch hier hin und wieder Schlaglöcher lau-

112

ern, blende ich einfach aus. Wie im Fluge lege ich die nächsten 15 Kilometer zurück, eine Stunde später bin ich in Kusma. Gleich rechts am Ortsanfang finde ich das "Mustang Guest House", ich zögere nicht lange. Offensichtlich steigt hier selten bis nie ein Ausländer ab, aber, dass ich ein Zimmer suche, das ist offensichtlich und, dass ich Durst habe auch. Mehr nonverbal als mit Worten klären wir diese Fragen, die erste Fanta trinke ich gleich im Stehen, dann wird mir das Zimmer gezeigt, mit eigenem Bad und spottbillig, aber auch nicht direkt sauber, das kann mich aber nicht erschüttern. Ich bin froh aus den Radklamotten rauszukommen, dusche, versorge meine Eiterbeulen, nehme noch einen Tee ein und spaziere ein wenig durch den Ort.

Kusma ist eine richtige Kleinstadt, Geschäfte jeder Art, Bekleidung und Schuhe stehen stark im Vordergrund, aber auch Tischler gibt es reichlich, überall verweile ich etwas, fotografiere und hänge meinen Gedanken nach. Besonders die Tischler haben es mir angetan, obwohl sie über Elektrowerkzeug verfügen, wirken die Werkstätten äußerst archaisch, ganze Baumstämme werden von zwei Männern durch die Bandsäge geschoben, unter einen einfachen Wellblechdach. Verzahnungen werden mit der Handsäge erzeugt, auch große Flächen werden mit einem kleinen Schwingschleifer geglättet. In aller Regel stehen auch ein paar Schaulustige in der Werkstatt und unterhalten sich mit den Tischlern über Gott und die Welt. Meine Fotoanfrage, nonverbal, Fotogerät zeigen und freundlich nicken, wird immer positiv beschieden, wenn irgend möglich wird Haltung angenommen und gelächelt.

Natürlich ist auch hier der Fernseher der wichtigste Punkt im Leben, wer immer sich einen leisten kann, hat ihn und er läuft den ganzen Tag. In jedem zweiten Kaufladen steht einer, nur nicht in der Tischlerwerkstatt. Ist das der Fortschritt? Für 18 Uhr habe ich das Abendessen bestellt, wegen der Sprachbarriere bleibt nur das Nationalgericht Dal Bhat, Reis mit Gemüse ist in jedem Fall gut für meinen Magen, sogar ein Bier gönne ich mir dazu. Ich bin der einzige Gast, sitze im Hof und werde von den beiden Kindern der Wirtsleute bestaunt. Wie ein Affe im Zoo komme ich mir vor, besonders die vielleicht vierzehn Jahre alte Tochter, ganz wie eine Dame gekleidet, aber offensichtlich noch naiv wie ein Kind, muss mich, meinen Zimmerschlüssel, mein Notizbuch, mein Fotogerät, schlicht alles was ich so bei mir habe, immer wieder anfassen und bestaunen. Immer wieder versucht sie ein Gespräch mit mir zu führen, aber ihr englischer Wortschatz ist absolut Null, immer wieder muss ich sie bremsen, mein Notizbuch, meinen Kugelschreiber, meinen Fotoapparat nicht als ihr Eigentum anzusehen. Auch hier komme ich ins Grübeln, wie sehen diese Menschen einen Ausländer wie mich, was denken sie, warum ich überhaupt hier bin, möchten sie wohl auch mal dorthin, wo ich herkomme, ich weiß es nicht und kann es nicht ergründen.

Pokhara

Ich habe gut geschlafen, das Essen ist mir bekommen, zum Frühstück bestelle ich nur einen Tee, für mehr reicht die Sprache nicht. Aber kein Problem, nach zweihundert Metern bin ich im Ortszentrum, dort gibt es Bananen reichlich, ich kaufe eine Handvoll und am Ortsausgang nehme ich dann mein Bananenfrühstück ein. Es ist warm, ich fühle mich gut, und bis Pokhara sind es nur 60 km. Aber, es sind Kilometer der besonderen Art. Offensichtlich hatte ich vergessen, wie heftig der Anstieg zur Passhöhe von Kande ist, 800 Höhenmeter, zum guten Teil mit einer Steigung von mindestens 15 Prozent. Immer häufiger muss ich eine Pause einlegen, ich zähle jeden Kilometer. Es ist heiß, die Eiterbeulen schmerzen, meine Kondition hat ziemlich gelitten durch den Durchfall. Vollkommen fertig erreiche ich die Passhöhe, ein paar Bananen, eine Fanta und weiter geht es, ich will nur noch nach Pokhara und dort ein paar Tage in der Sonne sitzen und nichts tun.

Aber nun wird es kalt, es geht jetzt bergab, und irgendeine blöde Hochnebelwand hält die Sonne fern, ich friere wie ein Schneider. Eine gute Stunde geht das so, dann habe ich das Seti

Nadi Tal erreicht, es wird sonniger und wärmer, ich bin 700 Meter tiefer. Nochmals eine Stunde später bin ich in Pokhara, hier ist es richtig warm, ich steige im selben Hotel ab wie auf dem Hinweg, bleibe gleich im Fahrraddress im Hof bei einer Fanta sitzen. Ich bin erleichtert, hier werde ich mich jetzt drei oder vier Tage erholen, wieder ordentlich essen und meine Eiterbeulen pflegen. Das Zimmer ist diesmal ein Stockwerk höher und noch gepflegter als beim ersten Aufenthalt, ich genieße die Dusche, freue mich über das saubere Zimmer und setze mich für eine Weile auf den Balkon, mit Blick bis zum See. Die Wärme tut gut und die Gewissheit, nach den Ruhetagen nur noch die zweihundert Kilometer auf dem Highway bis Kathmandu fahren zu müssen. Ich ertappe mich bei dem Gedanken, dass ich auch den Bus oder ein Taxi nehmen könnte. Auch den Gedanken, hier zu einer Apotheke zu gehen und mir ein Antibiotikum zu holen, den kann ich nicht verdrängen. Nach einer ganzen Weile raffe ich mich auf und schlendere zum See, ich fühle mich schon fast zu Hause hier, jede Biegung des Weges ist mir vertraut, all die Tibeterinnen die hier Schmuck verkaufen, ich erkenne sie wieder, da hat sich in den vierzehn Tagen nichts verändert. Nur früher dunkel wird es, deshalb gehe ich schon um 17 Uhr in mein Lieblingsrestaurant am See, ich werde natürlich sofort wieder erkannt und muss ausgiebig erzählen. Für eine ganze Weile bin ich allein, erst gegen 19 Uhr finden sich noch ein paar weitere Gäste ein. Nach den Anstrengungen der letzten zwei Wochen, weiß ich den Blick über den See noch mehr zu schätzen, auch das Essen mundet mir noch besser, die Welt ist wunderbar an diesem Abend.

Am nächsten Morgen bemerke ich, es wird nicht nur früher dunkel, die Sonne geht auch später auf und die Nächte werden angenehm frisch, welch Wunder, es ist inzwischen Ende Oktober. Auch die „Touridichte" in Pokhara hat merklich abgenommen. Gestern Nachmittag hatte ich nebenan im "Nirwana Garden" einen Tee getrunken, habe es in guter Erinnerung, heute gehe ich zum Frühstück rüber, ist dort viel schöner als in dem gepflasterten Hof meines Hotels. Eine kleine grüne Insel, mitten zwischen den Häusern, das Personal ist freundlich, das

115

Frühstück gut gemacht, was will man mehr. Ich lasse es heute ganz ruhig angehen, schlendere durch den Ort, sitze um 11 Uhr schon zum zweiten Mal in einem Restaurant, erst am Seeufer, jetzt mitten im Ort. Unterwegs habe ich für meine Frau und meine drei erwachsenen Töchter Yakwolle Schals gekauft, in allen Farben gibt es sie hier und spottbillig, ich kann es anfangs kaum glauben, ein Schal kostet 200 RS, das sind zwei Euro. Für mich selbst habe ich nach ein paar Tankas geschaut, so 25x25 cm groß, die sollen 15 Euro kosten. Das ist aber mehr als legitim, denn der Aufwand für ein solches Bild ist ganz erheblich, mit freier Hand und feinstem Pinsel werden auf Seide oder Leinwand unglaublich feine Muster gemalt, hoch symmetrisch dazu. Jahrelange Erfahrung und eine "Engelsgeduld" sind dazu nötig. Selbst an einer so kleinen Tanka wird tagelang gemalt, bei größeren kann es auch einige Wochen dauern. Die Auswahl an Formen, Mustern und Farben ist so enorm, dass ich mich nicht gleich entscheiden kann. Am nächsten Morgen bin ich dann gleich bei Öffnung des Ladens da und wähle zwei Tankas aus, eine mehr rötlich, eine mehr bläulich, sie hängen jetzt gerahmt als Pärchen in meinem Wohnzimmer, blau für meine Frau, rot für mich.

Doch zunächst streife ich nach der Mittagspause weiter durch den Ort, es gab Momos, die Momos werden in jedem Restaurant unterschiedlich zubereitet, man ist immer wieder überrascht wie sie schmecken, und jedes Mal ist es ein Genuss. Bei meinem ersten Aufenthalt in Pokhara ist es mir nicht aufgefallen, jetzt bemerke ich, dass hier fast jede Buchhandlung, und es gibt reichlich davon, auch fremdsprachige Bücher führt, immer gebraucht und günstig. Schade, dass ich mit dem Fahrrad unterwegs bin, ich könnte hier ein paar Dutzend Bücher kaufen, das Spektrum ist so breit gefächert, dass mir die Worte fehlen. Schließlich gönne ich mir einen kleinen Hesse Band "Demian", der wird schon noch in die Gepäcktasche passen.

In Mikes Restaurant am Seeufer nehme ich einen Tee ein und hier fällt der Entschluss dieses Buch zu schreiben. Ich habe Muße, man sitzt hier äußerst angenehm und alle Eindrücke sind noch frisch, ein Schreibheft habe ich im Buchladen erstanden, es kann losgehen. Ein Arbeitstitel war mir irgendwann, ich glaube auf dem Fahrrad, eingefallen, "Fahre nicht nach Kathmandu, aber fahre nach Nepal", da war es aber nur so eine diffuse Idee, jetzt sitze ich hier und schreibe. Ich fange zwar ganz vorne an, aber dauernd fallen mir neue Dinge ein, zu ganz anderen Zeiten und Orten. So wird dieses Heft gleichzeitig von vorne und hinten beschrieben, von vorne der Reihe nach, von hinten, alles was mir einfällt und später geordnet werden muss. Die ersten Seiten fülle ich wie im Fluge, ich merke überhaupt nicht wie die Zeit vergeht, immer neue Einzelheiten fallen mir ein, ich wusste nicht welche Freude und Befriedigung das Schreiben erzeugt. Jahrelang war ich auf das Fotografieren fixiert, auch Diashow Vorträge habe ich immer schon gerne gehalten, aber geschrieben habe ich noch nie, außer ein paar wissenschaftlichen Arbeiten in jungen Jahren, na ja und auch ein paar Liebesbriefen. Es ist eine ganz neue, wohltuende Erfahrung, selbst wenn dieses Buch nie gedruckt werden sollte, allein für mich hat es sich schon gelohnt. Ein Foto ruft beim Betrachter diverse Assoziationen hervor, beim Fotografen die vielfältigsten, er erinnert sich an alle Sinneseindrücke, die es damals gab, das Licht, die Menschen und und und, aber ein Text schafft es, bei jedem Leser eine Unmenge von Bildern hervorzurufen, denn kein Foto kanalisiert die Phantasie, jeder kann für sich, in seinem Kopf, ein Bild der geschilderten Szene entstehen lassen, ist das nicht phantastisch!

Inzwischen ist die Sonne untergegangen, auf dem Weg zu meinem Lieblingsrestaurant muss ich mir einen Pullover aus dem Hotel holen, und dann sitze ich wieder an dem Ort mit dem Bilderbuchblick, dem Guru Lotus Restaurant. Die Beleuchtung ist eher spärlich, häufig fällt der Strom aus, dann werden an jedem Sitzplatz Kerzen angezündet, es ist hart an der Kitschgrenze, aber es ist wunderbar. Ich sitze da, genieße das Essen und das Bier, lasse den Gedanken freien Lauf und ertappe mich dabei, wie ich mir jetzt eine nette Frau an meine Seite wünschen würde. Ich hänge diesem Gedanken noch nach, da lässt sich ein paar Plätze weiter ein exotisches Pärchen nieder.

Beide mit langen Dreadlocks, beide in naturfarbenen, langen Baumwollgewändern und beide sehr schweigsam. Sie sitzen dort, bestellen fast wortlos eine Pizza, eine für Zwei, und einen Tee, und dann sitzen sie dort und schweigen, blicken auf den See und drehen sich einen Joint. Wenn sie nicht auf einem Stuhl sitzen würden, sondern im Lotussitz, man könnte beide für eine Reinkarnation Buddhas halten. Ich grübele schon wieder, sind die beiden so erleuchtet, dass Körperkontakt und verbale Kommunikation für sie jede Bedeutung verloren haben, schweben sie gemeinsam in größter Harmonie und Einheit über dem See oder irgendwo zwischen See und Nirwana? Keine Ahnung, ich hatte mir das mit der netten Frau an meiner Seite jedenfalls anders vorgestellt, aber vermutlich hafte ich all diesen irdischen Gelüsten noch viel zu sehr an. Irritiert lege ich mich an diesem Abend in mein Bett, ganz allein.

Am nächsten Morgen habe ich mein Gleichgewicht wieder gefunden, ist ja nur noch eine Woche, dann kann ich Sabine wieder in die Arme nehmen. Dafür trifft mich eine andere Irritation. Im Nirwana Garden will ich mich, schon fast gewohnheitsmäßig, zum Frühstück niederlassen, als ich feststelle, dass ich an diesem Morgen nicht der einzige Gast bin. Zwei Tische weiter sitzt ein junger Adler auf der Stuhllehne und schaut mich neugierig an. Da er die Fassung bewahrt und nicht gleich das Weite sucht, bleibe auch ich ruhig, setze mich und stelle die Hypothese auf, dass das Tier zahm ist und Menschen gewohnt ist. So ist es auch. Als die Bedienung kommt, erfahre ich, dass der kleine Adler quasi vom Ei an hier aufgezogen worden ist und sich deshalb wie ein Haustier verhält, weder Menschen noch Autos noch Lärm irritieren ihn. So sitze ich da, frühstücke Rührei und Toastbrot mit einem Tee, der Adler neben mir bekommt kleine Streifen rohes Fleisch.

Ich komme mit dem Kellner ins Gespräch, ein junger Mann, Mitte zwanzig, hier widmet er sich dem Service um Geld zu verdienen, hauptberuflich ist er Student der Medizin. Wie er mir erzählt, gibt es in Nepal ein großes Bildungsproblem, Grundschulen gibt es zwar sehr viele, wie ich es ja auch beobachtet habe, aber mit zunehmendem Bildungsabschluss fällt die Zahl der Schüler rapide ab, so bleiben für das Studium nur noch sehr wenige eines Jahrgangs übrig. Und noch viel schlimmer ist, dass die Studenten, die während oder nach dem Studium ins Ausland gehen, praktisch alle dort bleiben und mithin für Nepal verloren sind. So gibt es insgesamt ein mangelhaftes Gesundheitswesen. Auch dieser junge Mann kann seine Neugier, was Europa angeht, nicht verhehlen, ich muss ihm tausend Dinge erzählen, an erster Stelle natürlich was ein Arzt in Deutschland verdient. Man sieht ihm die Fassungslosigkeit an. Aber, auch wie man in Europa so lebt, Haus, Auto, Fernseher, Digitalkamera und so weiter. Erst während meiner Schilderung wird mir klar, über welchen Luxus wir in Europa verfügen, und, dass es sich für einen Nepali anhören muss, als wenn ich aus dem Schlaraffenland berichte. Dass dieser "Wohlstand" auch Risiken und Nebenwirkungen einschließt, ist da nur schwer zu vermitteln.

Ich schlendere durch den Ort, treffe auf einen Vater mit seinen zwei Kindern, sie sind zum Betteln unterwegs, das hab ich vorher in Nepal noch nicht erlebt. Instinktiv lehne ich ab, wird auch ohne Murren hingenommen, ganz anders als in Indien, da hätte ich die Sippe jetzt meilenweit an den Fersen gehabt und hätte irgendwann brüllen müssen. So finde ich das fair, fragen ist immer erlaubt und die Antwort kann halt ja oder nein sein. Die drei sind schneller unterwegs als ich, ich kann sie vor mir beobachten, hin und wieder bekommen sie auch etwas. Besonders das Mädchen gefällt mir, so um die acht Jahre alt, Lockenkopf, leuchtende Augen, ich würde gerne ein Portrait von ihr aufnehmen. Also beschleunige ich meine Schritte, biete jetzt eine Geldspende an, wenn ich dafür auch ein paar Fotos anfertigen darf. Der Vater ist hocherfreut, natürlich auch über das Geld, aber ebenso wichtig ist ihm das Foto, und zwar, zunächst mal von ihm, er ist ja schließlich der Chef. Ich schmunzele in mich hinein und portraitiere den Vater, dann muss der Sohn abgelichtet werden und schließlich darf ich auch das Mädchen fotografieren. Das Foto des Mädchens ist perfekt gelungen, das Foto des Vaters aber auch: Hallo hier kommt der Chef!

119

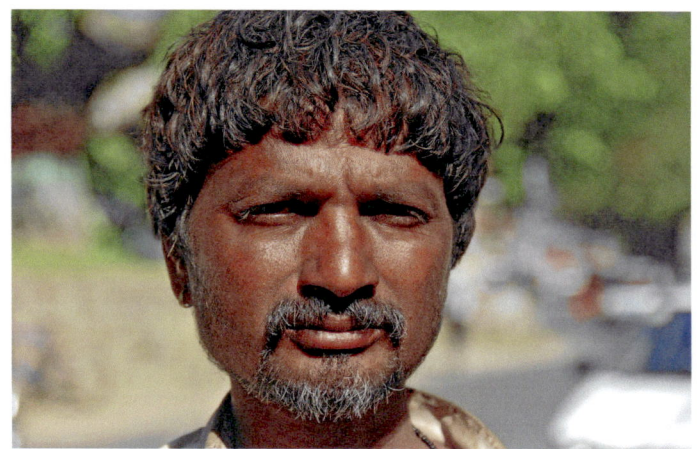

Vater, der Chef, in Pokhara

Tochter des Chefs in Pokhara

In einer Seitenstraße finde ich ein paar Jungs beim Murmel-spiel, ich bin schon wieder verblüfft, als ich so alt war, das ist jetzt fünfzig Jahre her, habe ich dieses Spiel auch gespielt. Mit der Hacke wird durch hin und her drehen eine kleine Mulde im Erdreich erzeugt, dann werden aus dem Stand die Murmeln so nah wie möglich an die Kuhle geworfen und schließlich kniet man auf der Erde und versucht mit Fingerschnippen die Mur-meln in die Grube zu bekommen, wer zuerst alle drin hat, der hat gewonnen. Meine Kinder haben es auch noch gespielt, die Murmeln, meist aus Glas, wurden auch gesammelt, nach Größe und Schönheit sortiert, aber das ist jetzt auch schon zwanzig Jahre her. Wann haben Sie zuletzt Kinder in Deutschland beim Murmelspiel gesehen?

Auf dem Weg zu Mikes Restaurant am Seeufer komme ich an einem dieser Eiswägelchen vorbei, die werden von Hand ge-schoben und für ein paar Rupien gibt es ein Eis am Stiel. Eine Gruppe Touris, natürlich mit Guide, kommt vorbei, offensicht-lich frisch eingeflogen, da höre ich einen die Frage an den Gui-de richten "What is this?", der Guide schluckt einen Moment, denn es ist ja offensichtlich, und antwortet dann mit größter Gelassenheit "Ice Cream". Zugegeben, das Wägelchen war schon etwas angeschmuddelt und wäre in Deutschland längst aus dem Verkehr gezogen worden, aber "Ice Cream" war doch deutlich an beiden Seiten angeschrieben. Die klassische Musik in Mikes Restaurant lässt mich dieses Erlebnis fast so gelassen ertragen wie es der Guide getan hat.

Am nächsten Morgen werde ich schon um fünf Uhr von ei-nem Höllenlärm geweckt, es ist eine indische Reisegruppe ein-gefallen, und sie denken das Hotel gehört ihnen. Meine Vorbehalte gegen Inder werden immer größer. Recht früh sitze ich so zum Frühstück im Nirwana. Heute sitzt dort ein junges Pärchen, so um die 25 Jahre alt, sie sehen so brav aus, dass ich mich frage, wie die zwei wohl hierher gelangt sind. Ich spreche sie einfach an und frage ganz direkt, was sie hierher geführt hat. Von Bekannten hatten sie gehört wie schön es hier sei, auf den Philippinen und in Südamerika waren sie auch schon, Round

Annapurna haben sie hinter sich und gleich geht es zu einer Rafting Tour. Ich staune, ist zwar nicht meiner Art zu Reisen, aber zugetraut hätte ich den Beiden weder das eine noch das andere.

Aber, an diesem Morgen darf ich nicht zu kritisch mit meinen Mitmenschen sein, denn ich bin selbst auf dem Weg zu einem eher dekadenten Unternehmen. Ich will heute eine Bootstour auf dem See unternehmen und, da der Preis für eine Tour mit Bootsmann kaum höher liegt als für das Boot allein, miete ich ein Boot mit Mann. Als Entschuldigung vor mir selbst führe ich ins Feld, dass ich so mehr Muße zum Fotografieren habe, dass es eine Ausrede ist weiß ich sehr wohl. Doch mental richtig schwierig wird es, als sich herausstellt, dass mein Bootsmann eine Frau ist, noch dazu etwa ebenso alt wie ich. Doch jetzt komme ich da nicht mehr raus, ich habe mit "Mann" gemietet und sitze nun mit "Mann" im Boot. Schon bei den ersten Ruderschlägen merke ich, dass der Dame die Arbeit nicht direkt leicht fällt, aber jetzt das Ruder zu übernehmen ist absolut unmöglich, mir bleibt nur der Entschluss, ihr nach der Tour ein hohes Trinkgeld zu geben, denn klar ist, diese Arbeit macht sie nur aus einem Grund, Geld verdienen.

Nach zehn Minuten habe ich den Dekadenzgedanken vergessen, der See ist fast spiegelglatt, die Sonne scheint von einem makellos blauen Himmel, die Silhouette der 8000er im Norden wirkt wie ein Scherenschnitt, Pokhara liegt vollkommen ruhig da, fast wie eine Spielzeugstadt, nur das gleichmäßige Geräusch der Ruder im Wasser ist zu hören, besser geht es nicht. Auf der anderen Seeseite, unterhalb des Peace Stupa, entdecke ich zwei wunderbar gelegene kleine Hotels, von der Landseite vermutlich nur auf Trampelpfaden zu erreichen, von der Seeseite in zwanzig Minuten mit dem Boot. Dort ist man mit sich, dem See und der Kulisse der Berge ganz allein, ein Ort, um sich mit einem Stapel Bücher zum Lesen, oder dem Laptop zum Schreiben, einfach mal eine Woche niederzulassen. Für dieses Mal kommt die Entdeckung zu spät, denn in fünf Tagen geht mein Flieger von Kathmandu zurück nach Deutschland. Aber, so begeistert wie ich von Pokhara bin, werde ich sicher noch ein zweites Mal hierher kommen und dann werde ich mich dort einmieten. Viel zu schnell ist die Stunde vergangen, das Trinkgeld hilft mir nur bedingt über mein schlechtes Gewissen hinweg, grübelnd spaziere ich am Seeufer entlang. Erst beim Tee in Mikes Restaurant finde ich meine Fassung wieder, heute spielt hier schon am Morgen klassische Musik, das hilft. Außerdem versuche ich mir klar zu machen, dass man sehr häufig nur nicht sieht, welche Arbeit ältere Menschen oder Kinder in Ländern wie Nepal für uns ausführen, ich denke z.B. an das Pflücken der Teeblätter, die grade zur Zubereitung für meinen Tee gedient haben.

Es ist mein letzter Tag in Pokhara, es fällt mir schwer Abschied zu nehmen, einerseits habe ich keine Lust, nochmals zwei Tage auf dem Rad zu sitzen, für die 200 km Highway bis Kathmandu, anderseits ist mir Pokhara ans Herz gewachsen, dieses Flanieren am See, Mikes Restaurant, Nirwana Garden und natürlich das Guru Lotus Restaurant am Abend. Noch nie auf einer Reise hatte ich solche Probleme, den Heimweg anzutreten, nur die Idee, früher oder später nochmals hierher zu kommen, hält mich aufrecht. Einmal möchte ich im März oder April mit meiner Frau hierher reisen, ganz entspannt ohne Fahrrad und die Rhododendronblüte an den Hängen des Himalaya bewundern und einmal noch möchte ich für eine Wanderung hierher, ganz allein in die Berge, so hoch wie irgend möglich, diese Berge sind einfach suchterzeugend. Diese Nähe zum Himmel fühlen, diese Sterne sehen und in dieses Licht eintauchen.

Etwas melancholisch nehme ich im Nirwana einen Mittagsimbiss ein und ordne dann im Hotel mein Gepäck, es fehlt nicht viel und ich müsste heulen. Glücklicherweise ist mein Gepäck ja sehr überschaubar und deshalb schnell geordnet. Früher als sonst gehe ich ins Guru Lotus Restaurant, so lange wie möglich möchte ich an diesem Nachmittag und Abend den wunderbaren Blick auf den See genießen und so tief wie möglich in mein Gedächtnis eingraben. Gleich nach dem ersten Tee frage ich den Chef, ob ich wohl ein Gruppenfoto von ihm und seiner Mannschaft aufnehmen darf, er ist hoch erfreut und ruft alle Mitarbeiter zusammen. Nach einer halben Stunde sind alle versammelt, vom Koch bis zu den Servicekräften und mittendrin der Chef. Es wird ein richtiges Fotoshooting, neben der Gruppenaufnahme darf ich auch jeden Mitarbeiter für sich ablichten, alle sind bester Laune und freuen sich, dass ich ihnen von Deutschland aus die Bilder per Mail schicken werde. Alle möchten sich an diesem Abend noch einmal mit mir unterhalten, alle sind neugierig wie mir Nepal und speziell Pokhara gefallen hat und alle wollen wissen wann ich wiederkomme. Es ist herzerweichend, immer wieder muss ich mit den Tränen kämpfen. Lange sitze ich nach dem Essen noch dort, längst ist es dunkel geworden, nur die Kerzen im Restaurant und die Sterne am Himmel leuchten, ich gehe im hier und jetzt auf. Wenn ich jemals gespürt habe, dass die Welt, das Universum und ich eine Einheit sind, dass es keine Trennung zwischen mir und dem Rest der Welt gibt, dann spüre ich es an diesem Abend.

Zurück nach Kathmandu

Es ist noch sehr kühl, als ich um 7 Uhr mein Frühstück im "Nirwana Garden" einnehme, auch hier muss ich erklären, wie es mir in Nepal gefallen hat, auch hier muss ich sagen, wann ich wiederkomme. Zwei Stunden später sitze ich dann auf dem Rad, die Sonne scheint mir ins Gesicht, fast genau nach Osten führt mein Weg, zurück nach Kathmandu. An diesem Morgen dauert es ewig, bis mir richtig warm wird, dafür rolle ich fast mühelos dahin, gefühlt geht es fast nur bergab, objektiv gibt es natürlich auch die eine oder andere Steigung. Die Zeit und die Strecke vergehen wie im Flug, so gönne ich mir eine richtige Mittagspause in einem "Highway Restaurant", sitze dort im Schatten bei einer Suppe und einer Fanta und ignoriere, dass neben mir eine ganze Gruppe von Touris, die mit zwei Kleinbussen unterwegs sind, sich reichlich und mit viel Lärm am Mittagsbuffet bedient. Trotz der Mittagspause erreiche ich schon um 15 Uhr das "Holiday Home Hotel" bei der Seilbahn von Mugling, in dem ich auch schon auf dem Hinweg abgestiegen war. Noch einmal kann ich so die "Märchenschloß" Atmosphäre genießen, wieder gibt es das warme Duschwasser aus einem 20 Liter Eimer, wieder bewohne ich eins der kleinen Häuschen ganz oben am Berghang und wieder bin ich der einzige Gast.

Als ich mich frisch geduscht auf die Terrasse des Restaurants setze, hat sich ein paar Meter neben mir fast die ganze Hotelmannschaft versammelt, auch wenn ich kein Wort verstehe, allein die Gesten und die Blicke reichen. Offensichtlich hat sich herumgesprochen, dass ich mit dem Fahrrad in Muktinath war, und diesen etwas verrückten Typen möchte man doch mal aus der Nähe sehen, es wird gescherzt und auch ganz offen mit dem Finger auf mich gezeigt, ich komme mir wieder vor wie der Affe im Zoo. Glücklicherweise kann ich einfach gehen wenn es mir zu bunt wird. Doch Hunger und Durst lassen mich verweilen. Nach eine Weile verlieren auch die Hotelbediensteten das Interesse an mir, so sitze ich bis zum Einbruch der Dunkelheit dort, lasse all die Erlebnisse der letzten Wochen an mir vorbeiziehen und gewöhne mich ganz langsam an den Gedanken, dass die Reise nun ihrem Ende entgegen geht. Als der Mond aufgeht, wird das ganze Tal in ein zauberhaftes Licht getaucht, der Himmel ist tief dunkelblau, die ersten Sterne werden sichtbar, das "Märchenschloß" ist jetzt vollkommen. Ich gehe zu meinem Häuschen, lasse mir noch ein Bier bringen, und liege auf dem Diwan meiner kleinen Veranda noch lange beim Schein einer Kerze, den Blick abwechselnd auf die mondbeschienene Landschaft und in mein Innerstes gerichtet.

Noubise

Als ich am nächsten Morgen auf das Rad steige, ist es wieder reichlich frisch, mich fröstelt und ich muss die Windjacke überziehen. Die ersten zwei Stunden bleibt es auch so, wir schreiben inzwischen den 4.November und auch in Nepal wird es langsam Herbst. Doch dann findet die Sonne ganz langsam ihren Weg in das Tal, das sich mit kleinen Schlenkern ziemlich genau nach Osten, in Richtung Kathmandu windet. Die Jacke brauche ich jetzt nicht mehr, es wird mit jeder Minute wärmer und, ganz anders als gestern, steigt die Straße immer mehr an. Kein Wunder, mein "Märchenschloss" liegt auf 600 Meter Höhe und Kathmandu auf 1300 Meter Höhe, davor noch die Passhöhe mit 1600 Metern. Nach 70 Kilometern reicht es mir langsam, so leicht wie mir das Radfahren gestern gefallen ist, so schwer fällt es mir heute, immer häufiger brauche ich Pausen und Getränke, nur eine Herberge finde ich nicht. Dann nach 80 Kilometern, ich bin schon auf den ersten Kilometern des Passanstiegs vor Kathmandu, sehe ich plötzlich in Noubise ein Hotel, "Heera Hotel" steht oben auf dem Dach. Es liegt zwar direkt am Highway und wirklich wie ein Hotel sieht es, ehrlich gesagt, nicht aus, aber ich halte sofort an und es gibt tatsächlich ein Zimmer für mich.

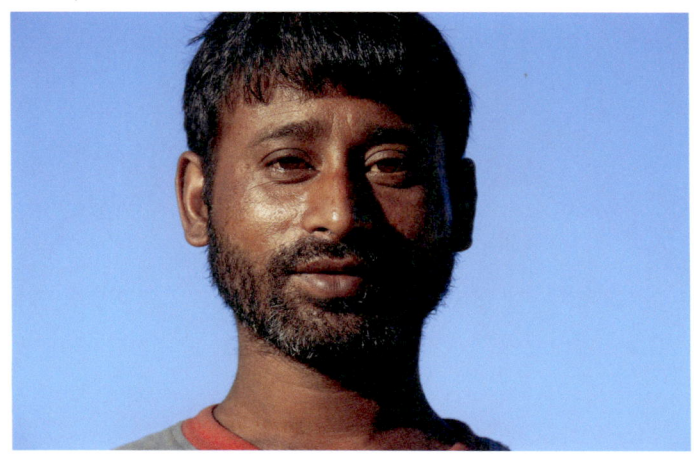

Mann auf der Straße in Noubise

Chef des Heera Hotels in Noubise

Der Chef des Hauses ist ein überaus freundlicher, etwas rundlicher Mann. Stolz führt er mich durch das Haus, mein Fahrrad darf auf einem Balkon nach hinten heraus stehen, da ist es sicher, mein Zimmer liegt im ersten Stock und ist schlicht ein "Loch". Neunundneunzig Prozent aller Europäer hätten sich jetzt höflich bedankt, den Schuppen wieder verlassen und versucht, ein Taxi oder einen Bus nach Kathmandu zu bekommen, ich bleibe. Es ist das erste Zimmer in Nepal, das dreckig ist, die Zigarettenkippen meiner Vorgänger liegen herum, Papierreste jeder Art, die Zimmerdecke ist eine löchrige Plastikfolie und das Bettzeug ist seit Jahren nicht gewaschen worden. Meine Etage ist über eine extrem steile und kleine Treppe zu erreichen und über eine ähnliche Treppe geht es zwei Stockwerke tiefer zu Toilette und Dusche im Hofplatz am Hang. Eine wunderbare Sicht hat man von dort, auf das Tal, durch das ich gekommen bin, und etwas nach Norden, auf die in der Ferne liegenden 8000er. Dass die Hocktoilette ziemlich versifft ist und stinkt wie eine Büffelherde, das trage ich mit Fassung, dass die Dusche aber aus einem alten Ölfass mit kaltem Wasser und einem kleinen Plastikeimer zum Schöpfen besteht, das lässt mich schon leicht schlucken. Aber, ich bin total durchgeschwitzt und hatte mich unendlich auf die Dusche gefreut, also Augen zu und durch. Nach den ersten drei kalten Wassereimern hat sich der Körper daran gewöhnt, und zehn Minuten später sitze ich, abgetrocknet und in frischen Klamotten, in der Sonne auf meinem Balkon, neben meinem Fahrrad, und lasse mich ganz langsam wieder aufwärmen.

Die Sonne, der Blick auf die Berge, dieser wunderbare Platz auf dem Balkon, da ist der Rest schnell vergessen. Als ich wieder rundum durchgewärmt bin, gehe ich in die Gaststube, zur Straße hin offen, die LKWs auf dem Highway zum greifen nah, reichlich Sitzplätze gibt es, aber, wie könnte es anders sein, ich bin der einzige Gast. Ein Tee mit viel Zucker und ein Bier werden bestellt, der Chef bedient mich persönlich und wir kommen ins Gespräch. Mangels gleicher Sprachkenntnisse ist die Unterhaltung nicht wirklich flüssig, aber es ist immer wieder erstaunlich, zu welchem Gedanken und Informationsaustausch man trotzdem in der Lage ist. Wir stellen fest, dass wir beide gleich alt sind, 58 Jahre, ich hätte ihn jünger geschätzt, das rundliche, offene und freundliche Gesicht lacht mich an. Auch drei Kinder hat er, zwei davon sind Söhne, wie er stolz erzählt und mich gleichzeitig voller Mitgefühl ansieht, weil ich "nur" Töchter vorweisen kann. Die Idee, dass ein Mann einen "Stammhalter" zeugen muss, ist offensichtlich weltweit gültig, und jedes Mal bin ich wieder verblüfft darüber. Ich sollte mal untersuchen, ob dieses Phänomen ähnlich tief in uns verankert ist wie der Fluchtreflex oder ob es schlicht ein Auswuchs des männlichen Omnipotenz Gehabes ist. Oder, ist es wieder ganz einfach, Söhne sind die beste Altersversorgung! Natürlich muss ich auch hier über meine Radtour berichten, wie das Fahrrad nach Nepal gekommen ist und schließlich auch, wie gut oder schlecht mir Nepal gefallen hat. Ich zeige mich des Lobes voll, dieser überaus freundliche und herzliche Mann, er macht es mir unmöglich Kritik an seinen Zimmer zu äußern, noch weiß ich nicht, welche Mühe er sich mit dem Abendessen geben wird, ich bestelle es für 18 Uhr.

Die Orte ohne Touristen sind die schönsten, so ist es auch hier. Noubise ist ein kleines Straßendorf an einem S-förmigen Straßenstück gelegen, am Ortsende biegt eine kleine Straße in die Berge ab, zum Aussichtspunkt von Daman. Eine handvoll Geschäfte gibt es hier, eine Tankstelle, eine Autowerkstatt und natürlich mein Hotel. Auch ein paar fliegende Marktstände finde ich, Obst wird feilgeboten, dem Anblick von Bananen kann ich nicht widerstehen, bis zum Abendessen dauert es ja noch etwas. Ich kaufe die Bananen bei einer älteren Dame, sie sitzt mitten in ihrem Obst, im Schneidersitz, auf der Ladefläche ihres Wägelchens, eine runde Nickelbrille auf der Nase, sie lacht mich an und willigt freudig ein, als ich um die Fotoerlaubnis bitte. Nicht im geringsten stört es sie, dass neben einem Goldzahn auch die eine oder andere Zahnlücke sichtbar wird. Vermutlich fehlt einfach das Geld zur Versorgung aller Zähne, wie auch immer, diese Frau ruht in sich und die Zahnlücken sind ein Teil ihrer Persönlichkeit, so ist das in Nepal. Auf den terrassierten Feldern am Ortsrand wird Getreide geerntet, wie immer von Hand, an der Tankstelle schraubt ein LKW Fahrer an der Hinterachse seines Trucks, in der Autowerkstatt nebenan stapeln sich abgefahrene Reifen, abgefahren bis zur Gewebeeinlage, und auf der Straße, dem Highway, quälen sich die LKWs bergan, dicke Rußwolken ausstoßend, Richtung Kathmandu. Auch ohne Fahrrad werde ich von allen Einwohner angestaunt, ich fühle mich wieder wie im Zoo.

Hunger und Durst treiben mich zurück zu meinem Hotel, es ist zwar noch vor der vereinbarten Abendbrotzeit, aber der Chef steht schon am Herd. Ein halbes Dutzend Töpfe bedient er, auf drei Gasflammen, immer wieder wird noch weiteres Gemüse geschnitten und in einen der Töpfe gegeben, Dal Bath hatte ich bestellt, und es riecht schon vielversprechend. Ich bestelle einen Tee, mache Notizen, lese, bestelle noch einen Tee, das Kochen nimmt kein Ende, mein Hunger nimmt dafür kontinuierlich zu. Die Uhr geht schon auf 19 Uhr zu und ich bin kurz vor einem Schwächeanfall, da geht es endlich los. Ein riesiger Edelstahlteller mit diversen Schälchen rückt an, in der Mitte ein dicker Haufen Reis. Neben dem Linsenmus als Sauce, die Konsistenz liegt irgendwo zwischen Suppe und Eintopf, finde ich vier Schälchen mit unterschiedlichem Gemüseeintopf und schließlich auch noch frisches Gemüse, von der Zwiebel über die Tomate bis zur Weißwurzel, ich bin begeistert, das Warten hat sich gelohnt! Der Chef freut sich ebenso wie ich, ich lasse es mir schmecken, es ist das köstlichste Dal Bhat, das ich je gegessen habe, dazu ein Bier, besser geht es nicht.

Alle negativen Eindrücke des Hauses sind vergessen. Dass über der Küchenecke, auf einem Balken, immer wieder eine Maus die Kochfortschritte verfolgt, in der Annahme, auch für sie würde da etwas abfallen, das nehme ich eher amüsiert zur Kenntnis. Dieses Essen vom Chef persönlich und nur für mich gekocht, es lässt keine negativen Gedanken mehr zu. Sobald auch nur ein Schälchen halb leer ist, kommt der Wirt angesprungen und füllt nach, irgendwann muss ich dann abwinken, es passt nichts mehr rein. Nun, ich hatte die Rechnung ohne den Wirt gemacht, ohne Ende redet er auf mich ein, ich verstehe immer nur "Chicken", kapiere aber nicht, was für ein Chicken Gericht da zubereitet werden soll. Nach zehn Minuten gebe ich auf und sage einfach ja. Jetzt muss ich mit an den Küchentresen und die Zutaten selbst aussuchen, auch Chili, ja auch Chili! Und dann verstehe ich langsam, "Chicken" meinte "Eier", ich soll ein Gemüseomelett bekommen. Zehn Minuten später ist es fertig, sehr gut gelungen, nur die Chili Frage hätte ich mit nein beantworten sollen, die Hälfte muss ich aussortieren, die andere Hälfte schaffe ich nur unter Einsatz einer weiteren Flasche Bier. Nun bin ich wirklich rundum satt und zufrieden und auch der Chef ist zufrieden.

Ich gehe früh zu Bett, denn am nächsten Morgen möchte ich in der kühlen Morgenluft über die Passhöhe nach Kathmandu fahren. Nachdem ich das Licht in meinem Zimmer gelöscht habe, sehe ich glücklicherweise den Dreck nicht mehr, dafür spüre ich nun, dass mein Bett einen ausgesuchten Härtegrad besitzt. Ich bin wahrlich nicht zimperlich bei der Auswahl meiner Schlafstätte, aber diese ist nicht mehr zu toppen, offensichtlich besteht das Bett aus vier Beinen und einem Brett, und auf diesem Brett liegt so etwas wie eine Wolldecke und darüber ein Laken, Gesamtstärke maximal fünf Millimeter. Wie ich mich auch drehe und wende, nach zehn Minuten geht der Kontakt meiner Knochen mit dem Bettbrett in Schmerz über und ich muss mich in eine neue Position begeben.

Direkt vor meinem Zimmer liegt der Highway und ich muss lernen, dass diese Straße während der Nacht mindestens so stark befahren ist wie am Tage. So kann ich den Umdrehtermin alle zehn Minuten nicht verpassen, wach bin ich eh. Vollkommen gerädert, in diesem Fall fast wörtlich, wühle ich mich am nächsten Morgen um 7 Uhr aus dem Bett. Das freundliche Lächeln des Chefs, und das Omelett mit Toastbrot, heute ohne Chili, lassen mich die Nacht schnell vergessen. Die Sonne scheint und bis zum Vajra in Kathmandu sind es nur noch dreißig Kilometer über den Berg. Dort erwarten mich, ein ruhiges Zimmer, ein weiches Bett, ein Bad mit warmer Dusche, ein Garten mit schattigen Sitzplätzen und eine Dachterrasse mit einem wunderbaren

Blick auf Kathmandu. Noch nie zuvor habe ich mich so nach diesem Luxus gesehnt.

Kathmandu

Der Pass fordert noch ein letztes Mal meinen vollen Beineinsatz, die LKW Dichte hält sich an diesem Morgen in Grenzen und nach einer guten Stunde, schneller als erwartet, stehe ich auf der Passhöhe. Jetzt kann ich nur noch rollen lassen. In leichtem Dunst liegt das Kathmandu-Tal vor mir, die Luft ist noch immer frisch, obwohl die Sonne scheint, man vergisst schnell, dass Kathmandu 1300 Meter hoch liegt und wir inzwischen den 5.November schreiben. Gegen 11 Uhr erreiche ich das Vajra. Es ist ein wunderbares Gefühl, wenn die Dusche warmes und kaltes Wasser sprudeln lässt, wenn die Toilette sauber ist und funktioniert, wenn ein Waschbecken vorhanden ist, mit einem Spiegel darüber und ganz besonders, wenn ein weiches Bett auf einen wartet. Ich stelle zunächst nur mein Gepäck ins Zimmer, schiebe das Rad in das Fahrradhaus und setze mich, wie ich bin, in den Garten, bestelle eine Suppe und eine Fanta, und atme ganz tief durch. Es ist ein Gefühl wie Weihnachten, genau so hat es sich als Kind angefühlt, wenn die tollsten Geschenke unter dem Weihnachtsbaum lagen. Diese Oase Vajra ist wie ein riesiges Weihnachtsgeschenk. Ich sitze in der Sonne und sauge den unglaublichen Komfort dieses Ortes auf. Eine ganze Stunde bleibe ich im Garten, zwei Pfannkuchen mit Honig und ein Tee werden bestellt und genossen, im Paradies kann es kaum schöner sein.

Als ich endlich aufstehe, spüre ich erst, wie ausgelaugt ich bin. Ich schleiche durch die Halle, dort treffe ich Alex, der auch gerade hier eingetroffen ist, er wirkt deutlich entspannter als ich. Lange stehe ich unter der warmen Dusche, es tut unendlich gut. Meine total verdreckte und stinkende Fahrradkleidung, zusammen mit einigen anderen Kleidungsstücken, gebe ich beim Wäscheservice des Hotels ab, dann setze ich mich auf die Dachterrasse. Kathmandu liegt mir zu Füßen, der Himmel ist so blau wie bei meiner Ankunft vor sechs Wochen, nur ganz so warm ist es nicht mehr, jetzt sucht man die Sonne, denn im Schatten ist die Luft Anfang November frisch, aber hier oben scheint ja die Sonne. Eine ganze Weile sitze ich dort, trinke Tee, schaue auf die Stadt und das Kathmandu-Tal, lassen meine Gedanken schweifen, tausende von Bildern tauchen vor meinem geistigen Auge auf. Notizen für dieses Buch werden zu Papier gebracht, nur die schmerzenden Eiterbeulen an meinem Hintern trüben ein ganz klein wenig die ungeheure Zufriedenheit, dieses Gefühl, sechs Wochen lang eins mit der Welt gewesen zu sein. Wenn ich je gespürt habe, dass das Leben einen Sinn macht, dann hier und jetzt. Es ist einer der seltenen Momente, wo man einfach weiß, das Leben ist schön, man spürt es, ohne es wirklich erklären zu können, ich bin glücklich.

Irgendwann reißt mich eine kleine Gruppe von neuen Gästen aus meinem Dahinschweben, ich nehme es als Zeichen, verlasse diesen wunderbaren Ort und beschließe mein Fahrrad zu säubern, das in weiten Teilen mit einer Schlammkruste überzogen ist. An der Rezeption frage ich nach einem Eimer Wasser und das Vajra bietet auch hier den perfekten Service. Ich bekomme keinen Wassereimer, sondern werde von einem der Bediensteten zum Waschhaus des Hotels geführt, dort gibt es einen Wasserschlauch, der extra für mich angeschlossen wird, unter fließendem Wasser kann ich nun mein Rad auch vom letzten Schlammrest befreien, wie aus der Waschstraße gekommen steht es nun da und trocknet in der Sonne.

Wie zu Beginn meiner Reise zieht es mich zum Monkey Temple und den Gebetsmühlen. Im späten Nachmittagslicht schlendere ich dort entlang. Die Faszination dieses Ortes ist so groß wie am ersten Tag, diese Mischung aus quirligem Leben und tiefer Andacht übt auf mich eine ungeheure Anziehung aus. Immer noch sitzen dort die Männer mit ihren Familien und meißeln das "Om Mani Padme Hum" in kleine Steine und Steinplatten, immer noch werden unermüdlich die Gebetsmühlen gedreht, immer noch stehen Mönche in Andacht und Gebet versunken vor der Treppe zum Tempelberg und immer noch wird fünf Meter weiter bei einer Cola gelacht und gescherzt. Fröhlich und grübelnd zugleich gehe ich zum Hotel zurück. Warum beobachtet man diese lockere Mischung aus Heiterkeit und Ernst nicht in Deutschland, wie entspannt könnte das Leben zu Hause sein, wenn alle Menschen so wären wie hier in Nepal. An diesem Abend sitze ich noch lange bei einer Flasche Wein im Vajra, lese weiter in der "Stimme des Zwielichts" von Ulli Olvedi und lasse meine Gedanken über Gott und die Welt frei umher schweifen. Welch ein Privileg, überhaupt hier sitzen zu dürfen, an keine Reisegruppe gebunden zu sein, Zeit zu haben, beobachten und vergleichen können, das Leben in Deutschland und Europa mit einem ganz neuen Blickwinkel sehen können. Nicht vielen Europäern ist das vergönnt. Zufrieden mit mir und der Welt schlafe ich ein.

Wie neu geboren wache ich am nächsten Morgen auf, eine lärmfreie Nacht in einem weichen Bett ist durch nichts zu ersetzen. Gut, die Eiterbeulen am Gesäß melden sich schmerzhaft sobald ich mich unvorsichtig auf einen Stuhl setze, aber ich habe längst gelernt, mich schmerzfrei auf einem Stuhl zu platzieren. Diese Kleinigkeit ignoriere ich mühelos, das Frühstück mundet, die Sonne scheint und zwei entspannte Tage warten auf mich. Ein letztes Mal steige ich auf den Tempelberg. Auf dem Weg kaufe ich einen bunt ausgelegten Stein mit dem Mantra "Om Mani Padme Hum" und einen tibetischen Glücksbringer, eine Buddhafigur aus Bronze, die an einem Lederband hängt. Wie üblich frage ich anschließend, ob ich ein Foto machen darf, kein Problem, und so gelingt mir ein Porträt der tibetischen Verkäuferin, lächelnd, mit einem Goldzahn zwischen den blütenweißen Zähnen, eindeutig wohlhabend die Frau, in ärmeren Schichten hätte ich dort eine Lücke oder einen mehr oder weniger schwarzen Zahn gesehen.

Oben angekommen schweift mein Blick ein letztes mal über Kathmandu, wie eine Spielzeugstadt liegt sie dort unter dem tiefblauen Himmel und zum ersten Mal sehe ich von hier aus, in der Ferne, die 8000er des Himalaya. Ganz zierlich wirken sie am Horizont und doch liegt dort der höchste Berg der Erde, der Mount Everest. Um mich herum eine bunte Schar von Ausflüglern und Pilgern, es wird gelacht, gebetet und Opfer werden dargebracht. Kleine Öllampen brennen überall, dazu Räucherstäbchen. Wehmütig verlasse ich diesen wunderbaren Ort. Auf dem Rückweg zum Vajra erstehe ich noch eine Mala Kette, das buddhistische Analogon zum Rosenkranz in der christlichen Kirche. 108 Perlen bilden die Kette, in meinem Fall aus Yak Knochen. Im Buddhismus stehen sie für die 108 Bände der Lehren Buddhas, im Alltag des Buddhisten dienen sie als Abzählhilfe für die Zahl der rezitierten Mantras. Der gläubige Hindu identifiziert die 108 Perlen mit den 108 Namen der jeweils angebeteten Gottheit.

Ganz irdisch gönne ich mir im Garten des Vajra eine Mittagspause, mit der wunderbaren Hühnerfleisch Nudelsuppe und den scharfen tibetischen Momos. Auch diese nepalesisch-tibetische Küche wird mir daheim fehlen. Bei einer Tasse Tee sitze ich noch eine Weile unter dem makellos blauen Himmel in diesem charmanten Garten, arbeite an meinen Notizen und verliere mich in den Eindrücken der letzten Wochen. Irgendwann erinnere ich mich an den Hinweis von Alex, dass ich unbedingt am Nachmittag, da sei das Licht dort besonders schön, zum Boudhanath Stupa am Stadtrand von Kathmandu gehen sollte. Zum gehen ist es zu weit, das Fahrrad ist schon eingepackt, also bleibt nur das Taxi. Ich staune mal wieder, dass Kathmandu, neben der Ringstraße, über so viele gut geteerte Straßen verfügt, das war mir bisher verborgen geblieben. Die Hälfte der Strecke rollen wir auf feinstem Asphalt dahin, die andere Hälfte ist dann wieder so wie ich es kenne, Härtetest für Auto und Insassen.

An einer belebten Straße hält der Taxifahrer an, wir seien jetzt da und er werde hier auf mich warten. Etwas verdutzt steige ich aus, ja, noch 20 Meter und dann links, dann sei ich da. Ungläubig setze ich mich in Bewegung und nach der Linksabbiegung liegt sie dann vor mir, einer der größten und ältesten Stupas im Lande, Wallfahrtsort für Buddhisten nicht nur aus Nepal. Ich bin beeindruckt, die Größe, das Licht, die Augen

Buddhas vor dem tiefblauen Himmel, und Buddhisten, Kloster-
brüder und Schwestern, immer im Uhrzeigersinn den Stupa
umrundend, die Gebetsmühlen drehend, die Malaperlen abzäh-
lend und Mantras murmelnd. Rundherum Häuser, mehrstöckig,
so dass man den Stupa von der Straße nicht sehen kann, Restaurants und Souvenirläden rund um das Heiligtum. Es wird mir
ein ewiges Rätsel bleiben, wie tiefe Spiritualität und Kommerz
so dicht nebeneinander existieren können, gleichgültig, ob hier
in Kathmandu, in Rom oder in Swieta Lipka in Polen. Fehlt mir
einfach der tiefe Glaube? Die Buddhisten, grade noch tief versunken mit der Mala in der Hand, die Gebetstrommeln drehend, den Stupa umrundend, stehen zwei Minuten später an
einem Andenkenladen und feilschen um den Preis eines
Schmuckstücks.

Und noch einmal staune ich, unter den hunderten von Buddhisten im Mönchsgewand finde ich auch zwei, die eindeutig
Europäer sind. Ein Herr, vielleicht fünfzig Jahre alt, aus Frankreich und eine junge Frau aus Amerika, beide bester Laune, mit
einem offenen Lächeln wie man es selten findet. Sie haben in
der Heimat alles zurück gelassen, leben jetzt schon seit Jahren
hier in Nepal im Kloster und haben offensichtlich ihre Erfüllung
gefunden. Zwei Stunden lang umrunde ich den Stupa, entgegen
dem Uhrzeigersinn, ohne Mala und ohne Gebetsmühlen zu
drehen. Ich schaue und fotografiere, aber als Ort des Gebetes,
der Meditation, ist dieser Stupa für mich ungeeignet, zu sehr
empfinde ich diesen Ort als Rummelplatz. Mir drängen sich die
Zeilen des Schriftstellers Kanak Mani Dixit aus Nepal auf:
„Jeder beschreibt die Augen Buddhas, die von diesem Stupa auf
uns herunterblicken, aber niemand beschreibt die verstaubten
Häuser Kathmandus, auf die diese Augen blicken." Geduldig
hat der Taxifahrer im Gewühl der Großstadt auf mich gewartet,
ich bin froh, als ich wieder im Garten des Vajra sitze, dieser
Oase in der lauten und staubigen Stadt Kathmandu.

Zum Abendessen bin ich mit Alex verabredet, auch er wird
morgen in den Flieger steigen, zurück in die Heimat, er nach

Schottland, ich nach Deutschland. Für den Garten ist es zu kühl, wir treffen uns im Restaurant. Eine Suppe und ein Tee vorweg, dann erzählt jeder von seinem Lieblingsgericht, immer abwechselnd ordern wir ein Gericht und teilen es, eine Flasche Rotwein wird auch bestellt. Irgendwann haben wir die halbe Speisekarte durch, wir ordern eine zweite Flasche Wein und ziehen uns in die Pagoda Bar auf dem Dach zurück, im allerletzten Licht des Tages liegt das Kathmandu-Tal vor uns, die Silhouette der 8000er ist kaum noch auszumachen. Bis weit nach Mitternacht sitzen wir dort, tauschen unsere Erfahrungen über Nepal und den Rest der Welt aus, reden über die Fotografie, die Fotos von Ansel Adams und unsere bescheidenen Foto-Versuche, über unsere Familien, über Gott und die Welt und die Wehmut, die uns beim Abschied von diesem wunderbaren Land und diesen freundlichen Menschen überkommt, wir werden wiederkommen.

Anhang

Die Zahl der möglichen Hinweise, Querverweise oder Begriffserklärungen ist so umfangreich, dass ich hier äußerst subjektiv nur einige wenige Begriffe erklären werde, einige wenige Bücher benennen und einige wenige Websites aufzählen werde.

Buddha, Siddhartha der "Erwachte", irgendwann um 500 v. Chr. geboren, in Nordindien. Die Figur des Buddha ist etwa so schillernd wie die des Jesus, Legenden gibt es reichlich, Fakten kaum.

Stupa der Stupa, ursprünglich Grabhügel, später buddhistisches Kultgebäude, von Metergröße bis zu 50 Meter Höhe, ähnelt der Spitze eines Zwiebelkirchturms in Bayern.

Gebetsfahne Windpferd, wird bis zur Verwitterung dem Wind ausgesetzt, soll die Gebete zum Himmel, zu den Göttern, tragen.

Gebetsmühle sieht aus wie eine Konservendose, ist außen mit einem Mantra versehen, kann auch im Inneren Mantras auf Papier enthalten. Das Drehen soll gutes Karma anhäufen, die Mantras sollen zum Wohl aller fühlenden Wesen beitragen. Gebetsmühlen gibt es in allen Größen, von wenigen Zentimetern bis zu mehreren Metern.

Mantra kurze Gebetsformel, die in der Regel häufig hintereinander rezitiert wird, eine der bekanntesten ist "Om Mani Padme Hum"! Auch wenn immer wieder versucht wird, solche Mantras zu übersetzen, das ist im Keim unmöglich, da die Worte selbst eher ein Hilfsmittel sind, die Art und Weise, der Ort, die Stimmung und tausend Dinge mehr machen erst das Mantra zum Mantra.

Mala
Gebetskette, in der Regel 108 Perlen aus Naturprodukten, wird gleichermaßen von Hindus und Buddhisten genutzt, oberflächlich betrachtet zum Abzählen von Mantras.

Namaste
Grußformel in Nepal und Indien, nicht wirklich übersetzbar, sinngemäß "Ich verbeuge mich vor dir", aber im Alltag etwa so wie: Hallo, Grüß Gott, Moin Moin.... In aller Regel werden beim Gruß die Handflächen zusammengelegt, vor die Brust geführt und der Kopf leicht nach vorne gebeugt.

Dal Bhat
das Alltagsgericht schlechthin, in Nepal und weiten Teilen Asiens, im Grunde Reis mit Linsenmus/suppe. Je nach Saison wird als Beilage frisches Gemüse von der Zwiebel bis zur Tomate und oder gekochtes Gemüse gereicht.

Momos
gefüllte Teigtaschen, etwa vergleichbar zu den Maultaschen in Deutschland. Die Füllung kann sehr unterschiedlich sein, vegetarisch ebenso wie mit Fleisch, die Würzung kann von sehr scharf bis mild reichen. Sie werden wahlweise gekocht oder frittiert serviert.

Kodari-Zhangmu
Grenzübergang Nepal-Tibet

Kali Gandaki   Fluss mit der tiefsten Schlucht der Erde, zwischen Annapurna und Dhaulagiri.

Saligram   heilige Steine aus dem Flussbett des Kali Gandaki, schwarze Versteinerungen von Ammoniten, ehemaligen Meeresbewohnern, entstanden vor 50 Millionen Jahren, als der Himalaya anfing sich aufzufalten, bewirken nur Gutes, insbesondere wirkt das Verschenken positiv auf das eigene Karma ein.

Christmas 1966   in Kathmandu, die ersten 100 Hippies erreichen Kathmandu, Haschisch war das Zauberwort, stärker, sauberer und preiswerter als sonst auf der Welt! 1970 fanden schon einige 10000 Hippies den Weg nach Kathmandu.

Ausfallenden   das sind die beiden Stellen an einem Fahrrad, an denen das Hinterrad und der Gepäckträger befestigt sind. Die Anmerkung wendet sich nur an "normale" Menschen, Freaks dürfen schmunzeln!

Ansel Adams   DER Schwarz-Weiß-Fotograf schlechthin, bevorzugt Landschaft und Natur Fotografie, lebte von 1902 bis 1984 in den USA.

Bücher

Dixit, Kanak Mani

Bhaktes Nepalreise, Rato Bangala
Kitab, Nepal, 1998
Original: Adventures of a Nepali
Frog, Nepal 1996

Ein Kinderbuch, auch für Erwachsene, der Frosch nimmt beinahe meine Route durch Nepal. Wer etwas über Land und Leute erfahren möchte, sollte dieses Buch lesen. Nebenher wird noch Physik für den Alltag vermittelt, z.b. wie der Wind entsteht!

Grünfelder, Alice (Hrsg.)

Himalaya , Menschen und Mythen,
Unionsverlag 2002

Zwanzig Autoren aus Nepal und Tibet zeichnen hier ein differenziertes Bild des Landes und der Menschen. Wunderbare Betrachtung zum Mythos Shangri La!

Grünfelder, Alice (Hrsg.)

An den Lederriemen geknotete
Seele, Unionsverlag 2000

Prosa zu Nepal und Tibet, jede Geschichte eine kleineWelt für sich, regt zum Nachdenken an.

David-Neel, Alexandra

Mein Weg durch Himmel und
Höllen, Scherz Verlag 1986

Ein "Muß" für jeden, der Tibet vor rund hundert Jahren erleben möchte, lange bevor China Tibet okkupierte,

*. als es noch Mythen und Wunder gab,
jenseits unserer Vorstellungskraft.
Alexandra war um 1900 eine der
ersten Frauen, die auf keinen Mann
gehört hat und gemacht hat, was sie
wollte. Böswillige Gemüter könnten
auch behaupten, sie hätte nur gehei-
ratet, um danach mit den Schecks
ihres Manns Jahrzehnte in Asien zu
verbringen. Aber, wer möchte schon
böswillig sein.
Von Alexandra gibt es mindestens
zehn Bücher!*

Olvedi, Ulli

Wie in einem Traum,
Scherz Verlag 1998

*Für meinen Geschmack hart an der
Kitschgrenze, immer muss eine
Liebesgeschichte als Rahmenhand-
lung herhalten. Ansonsten einfühl-
same Schilderung des Lebens in
buddhistischen Klöstern im Nepal
der Neuzeit, etwa ab 1970.
Ulli hat diverse Romane geschrieben.*

Hesse, Hermann

Siddhartha,
Suhrkamp 1974

*Leider als Schullektüre missbraucht,
ist erst mit einer gewissen Lebenser-
fahrung lesbar und nachfühlbar, 50+
würde ich sagen. Dann aber, so
ähnlich wie "Kim", unschlagbar.
Falls ein Europäer überhaupt erahnen kann was Buddhismus meint,
dann hier!*

145

Kipling, Rudyard

Kim,
dtv 2004

*Ein "Muß" zum Erahnen was Hindu-
ismus meint. Eines der besten Bücher
zum Thema überhaupt.*

Hilton, James

Irgendwo in Tibet,
Schifferli 1951

Original: Lost Horizon, 1933

*Wird zwar immer als Synonym von
Schangri La verkauft, ist es aber
nicht. Zum Nachdenken über die
Menschen aber bestens geeignet.*

Scholz, Werner

Der Weg des Buddha,
Patmos Verlag 1998

*Umfangreiche Buddha Biografie, mit
dem Versuch Mythos und Wirklich-
keit aufzuzeigen, inklusive Einord-
nung in andere Weltreligionen,
sofern man den Buddhismus überhaupt als Religion bezeichnen kann.*

Evans-Wentz, W.Y.

Milarepa, Tibets großer Yogi,
Scherz Verlag 1971

*Ein Buch voller Mystik, steht in einer
Reihe mit „Kim" und „Siddhartha",
unbedingt lesenswert.*

Kracht, Nickel

Gebrauchsanweisung für Kathmandu
und Nepal, Piper 2009

Ein Buch aus der Jetztzeit, stellt das

Leben im Kathmandu von heute sehr authentisch dar.

Crane, Richard u. Nicholas Fahrrad Abenteuer im Himalaya, Pietsch Verlag 1990

Mit diesem Buch hat alles angefangen, es ist nur für Freaks geeignet, "normale" Menschen halten diese beiden jungen Männer für vollkommen abgedreht.

---

www

ich www.fotograf-flensburg.com
Fotograf und Autor

Alex www.edgehill.co.uk
Fotograf aus Schottland

Vajra www.hotelvajra.com
Das schönste Hotel
in Kathmandu!

Nepal www.welcomenepal.com
Die freundlichsten Menschen
der Welt!

147

Entschuldigung

Bei allen Menschen, die gerne in Gruppen reisen, muss ich mich entschuldigen. Natürlich ist die Gruppenreise ebenso legitim wie die Soloreise und letztendlich verbindet uns die Tatsache, Tourist in einem fremden Land zu sein.

Klarstellung

Auch wenn ich während der Reise dauernd eine Cola trinke, die Reise wurde nicht von dieser Firma gesponsert. Cola ist schlicht fast überall auf der Welt verfügbar und bei körperlicher Belastung liebe ich dieses Getränk wegen des Zucker und Coffeingehaltes. Wenn ich andere Produktnamen nenne, verhält es sich ebenso, es hat keinen Sponsor gegeben.

Danksagung

Ich danke Sabine, die es inzwischen dreißig Jahre mit mir ausgehalten hat, für Ihre unendliche Geduld mit mir. Ohne ihr Wohlwollen wären weder dieses Buch noch die Reise möglich gewesen. Zu leicht vergisst man, dass die sechs Wochen der Reise den kleinsten Zeitraum meiner Abwesenheit darstellen, die Wochen und Monate in denen die Diashow zu der Reise und dieses Buch entstanden sind, stellen die viel größere Belastung für den Partner dar. Wie häufig war ich geistig abwesend, wenn Sabine mit mir reden wollte, wie häufig habe ich Stunden am Schreibtisch gesessen und war überhaupt nicht ansprechbar und wie häufig habe ich Monologe gehalten über kleine Begebenheiten während der Reise, die im Grunde nur für mich wichtig waren.

Ich danke Sabine, meinen Töchtern Hannah, Ruth und Sophie, sowie Dirk, Philipp und Boris für viele Ratschläge zu diesem Buch und die Fehlerkorrektur.

Ich danke Alex, der mich ermuntert hat stärker in die Öffentlichkeit zu treten. Menschen, die voll und ganz hinter dem stehen, was sie tun, ja, die etwas mit Leidenschaft betreiben, trifft man selten. Alex ist ein solcher Mensch.

Ich danke allen Menschen, die an Wikipedia mitarbeiten und mir immer wieder geholfen haben, meine Wissenslücken zu schließen.

Ich danke allen Menschen in Nepal, die mir mit äußerster Offenheit und Freundlichkeit begegnet sind, die in kurzen oder langen Gesprächen ein Bild ihres Landes gezeichnet haben und, die sich, nach einer freundlichen Frage meinerseits, haben fotografieren lassen.

Route

Ich habe nur einen sehr kleinen Teil Nepals bereist, aber wie so häufig im richtigen Leben, ist weniger in aller Regel mehr. Nur wer in Muße an einem Ort verweilt, erfährt etwas über diesen Ort und diese Menschen. Nur wer in einem fremden Land bei jeder Gelegenheit mit den Einheimischen redet, der kann eine Ahnung entwickeln was in den Köpfen der Menschen und in dem Land vorgeht. Die Karte, vorne im Buch, mag "meinen" Teil Nepals veranschaulichen.

Fahrrad

Das Fahrrad war für Teerstraßen und befestigte Wege optimiert, für die Strecke Kathmandu-Lhasa. Für die Route Baglung-Kagbeni war es nur suboptimal, ein Mountainbike wäre dort eindeutig die bessere Wahl gewesen. Aber, von den 1500 km die ich in Nepal gefahren bin, sind nur 300 km auf diese, teilweise extrem schlechte Strecke entfallen.

In der Summe war das Rad perfekt, Stahlrahmen mit Reisrad-geometrie und Rennlenker, handgelötet, seit zwanzig Jahren im Einsatz, Anbauteile von Campagnolo und Shimano, ultraleich-ter Gepäckträger von Tubus, selbst gebauter, ultraleichter Lowrider, Laufräder von Mavic und eine 37mm Bereifung für höchste Ansprüche von Continental. Das Rad bringt 10 kg auf die Wage, das Gepäck weitere 10 kg. Den 12 Liter Rucksack, Deuter Race, habe ich nicht mitgezählt, er beherbergte meine Fotoausrüstung.

Ohne jeden Defekt hat das Rad die 1500 km durchgestanden, selbst die extrem beanspruchten Reifen haben den härtesten und scharfkantigsten Schotter schadlos überstanden.

Als perfekt hat sich auch der GPS Fahrradcomputer Holux GPS 245 erwiesen, weder Nässe, noch Hitze, noch Kälte, noch Erschütterungen konnten ihn aus dem Takt bringen. Eine Akku-ladung reichte für drei Tage a acht Stunden. Diese kleine Wun-dermaschine liefert nicht nur alle Daten, die übliche Radcomputer auch liefern, sondern zusätzlich auch die geogra-phische Position, inklusive Höhe. Als Zugabe enthält das Teil einen Datenlogger mit Speicher für reichlich viele Wegepunkte, Zeitintervall oder Distanz für die Datenaufzeichnung sind frei wählbar. Zurück am heimischen PC lässt sich dann wunderbar mit Google Earth die gefahrene Route ansehen, Höhen und Geschwindigkeitsprofil inklusive.

Der Hartschalenkoffer von Rose hat sich als ideales Trans-portmittel für den Flug erwiesen. Für die einfache Flugstrecke musste ich 2009 zwar 100 Euro extra für das Fahrrad zahlen, aber dieser Einsatz hat sich gelohnt.

Fotogerät

Bei meinen Vorträgen werde ich immer wieder gefragt, mit welcher Ausrüstung ich die Bilder aufgenommen habe, diese Frage ist falsch gestellt. Das Fotogerät ist heute (2010) so perfekt, dass mit jeder Kamera sehr gute Bilder möglich sind, entscheidend ist nur der Mensch hinter der Linse. Um die Neugier zu befriedigen, unterwegs, auf dem Fahrrad, hatte ich immer eine Kompaktkamera von Samsung mit einer Brennweite von 24-240 mm um den Hals hängen. Im Rucksack befand sich eine digitale Spiegelreflexkamera von Nikon, mit mehreren Objektiven, insbesondere einem 1,8/85 für Porträtaufnahmen. Aber ich betone es nochmals, welcher Name auf der Kamera steht, das ist mehr oder weniger nebensächlich.

Alles was ich nicht erzählt habe

Kein Wort habe ich über die politische Situation in Nepal verloren, darüber könnte ich ein extra Buch schreiben. Nur soviel, im Herbst 2009 stellten die Maoisten einen wichtigen Faktor im Land dar, sie haben zunächst den Premier-Minister zum Rücktritt gedrängt und dann, bis zum Winter 2010, die Wahl eines neuen Premiers mehr oder weniger verhindert. Seit über einem Jahr ist Nepal ohne politische Führung, das Leben im Land wird immer schwieriger.

Kein Wort habe ich über Straßensperren, Schlagbäume, Stacheldraht und schwer bewaffnete Soldaten verloren. Im Herbst 2009 gab es eine Reisewarnung des Auswärtigen Amtes, insbesondere für allein reisende Touristen. Immer wieder soll es zur Forderung von Wegezoll an Straßensperren gekommen sein, bis zu einigen hundert Dollar, in aller Regel von Maoisten. Bei der ersten Straßensperre war ich noch leicht verunsichert, habe angehalten und mich mit ausgesuchter Freundlichkeit nach dem Weg erkundigt, dann habe ich gelernt, dass häufig auch freundliches Winken reicht. Nie habe ich auch nur einen Cent bezahlen müssen, alle Soldaten waren überaus freundlich. Woran das gelegen hat, vielleicht waren es ganz einfach mein Marsmänn-chen Outfit und mein rosa Fahrrad, was kann man von so einem abgedrehten Typen schon holen, vielleicht war es auch einfach Glück.

Kontakt

Falls Sie Fehler entdecken, Kritik oder Lob an den Mann bringen möchten, oder gerne eine Frage beantwortet hätten, kontaktieren Sie mich über meine Website oder direkt per Mail.

www.fotograf-flensburg.com

W.S.Luehr-Tanck@t-online.de